KB242856

주식투자를
잘한다는 것

투자 판단은 모두 해당 시점 기준이며, 독자가 읽는 시점에는 시장 상황이 달라질 수 있습니다.

일러두기

1. 이 책은 2025년 9~11월에 주로 집필되었습니다. 책에 수록된 시장 상황과 투자 판단은 모두 해당 시점 기준이며, 독자가 읽는 시점에는 시장 상황이 달라질 수 있습니다.
2. 이 책은 저자의 투자 여정과 철학을 나누기 위해 쓰였습니다. 특정 종목을 추천하거나 투자를 권유하기 위한 것이 아닙니다.

주식투자를 잘한다는 것

39세 파이어 육과장,
시장의 변동성을
압도적 수익으로 바꾼 투자 기록

육과장 지음

노티스

웰컴 투 갈마골,
가난한 촌부의 아들로 태어나다

내가 태어난 곳의 주소는 안남면 지수리 갈마골로 끝난다. 그곳은 정말 영화 〈웰컴 투 동막골〉과 같은 풍경을 하고 있었다. 아버지와 어머니는 가난한 촌부였고, 나는 황소 등에 타고 아버지와 함께 밭에 다니던 철없는 아이였다.

할아버지, 할머니, 그리고 우리 삼형제까지 일곱 식구의 생계를 위해 부모님은 열심히 밭을 일구셨다. 하지만 내가 초등학생이 되기도 전에 아버지는 열차 사고로 돌아가셨고, 집안 형편은 급격히 기울었다. 어머니는 일자리를 찾아 멀리 떠나셨고, 우리 삼형제는 고아 아닌 고아로 자랐다.

나의 유년 시절은 암울했다. 집에 쌀이 떨어지는 일이 흔했고, 먹을 것이 없어 집에 있던 설탕과 조미료까지 집어 먹을 정도였다. 봄, 여름, 가을은 가난이 그나마 덜 드러나는 계절이었다. 겨울이 되면 따뜻하게 입을 점퍼 하나 구하지 못했다. 한동안은 버려진 옷을 주워 입었던 기억이 아직도 생생하다.

학교 준비물을 챙기지 못해 선생님에게 혼나기 일쑤였고, 중·고등학교 때는 몇 다리 건너 6년이나 지난 교복을 겨우 얻어 입고 입학했다. 낡은 교복은 엉덩이에 자꾸 구멍이 나서 수차례 기워 입어야 했다.

가끔 친한 지인들에게 이런 이야기를 털어놓으면, 그들은 처음엔 믿지 못했다. 다들 "네가 지금 몇 살인데 그렇게 어렵게 자랐다는 거냐?"라고 반문했다. 마치 우리 부모님 세대의 삶 이야기 같다는 것이었다.

그때마다 나는 단호하게 대답했다. "아무리 시대가 좋아지고 나라가 잘살아도 어려운 사람들은 존재해요. 그리고 지금 이 순간에도 끼니를 걱정하는 사람들이 있습니다."

돈이 없을수록 투자적 사고를 해야 한다

이 글을 어려웠던 유년 시절 이야기로 시작한 이유는 여러분의 동정을 얻기 위해서가 아니다. 오히려 그 반대다. 환경이 어려울수록 누구보다 먼저 '투자'라는 단어에 관심을 가져야 한다는 사실을, 나는 삶을 통해 배웠기 때문이다.

어린 시절, 나는 생존을 위해 고된 노동만 하던 사람들 곁에서 자랐다. 그들을 보며 죽어라 일만 해서는 가난의 굴레에서 벗어날 수 없음을 일찍 깨달았다.

세상에는 두 부류의 사람이 존재했다. 돈이 스스로 일하게 만드는 시스템을 아는 사람, 그리고 평생 일하며 모은 돈을 속절없이 잃기만 하는 사람.

그 차이를 만드는 핵심은 결국 '투자에 대한 이해'였다. 그래서 나는 이 책을 통해 투자로 자산을 불리는 기술뿐만 아니라, 가난의 문제에서 완전히 벗어나기 위한 '사고의 전환'에 대해서도 말하고자 한다.

개인이 처한 상황은 제각각이지만 한 가지 공통점은 있다. 투자에 눈을 뜬 사람은 더 이상 현실을 탓하지 않는다는 것이다. 그 대신 세상을 움직이는 원리를 이해하려 노력한다.

나는 지난 20년간 투자 시장에서 수많은 성공과 실패를 겪었고, 이제는 그 결실로 파이어(FIRE, Financial Independence Retire Early), 즉 경제적 자유를 이뤘다.

경제적 자유를 이루고 가장 좋았던 점은 돈 때문에 생기는 감정 소비가 사라졌다는 것이다. 이전에는 식당에서 메뉴를 고를 때, 쇼핑을 할 때, 여행을 갈 때, 가격 때문에 진짜 원하는 것이 아닌 다른 선택을 하곤 했다. 그리고 그때 쌓인 아쉬움과 억울함을 엉뚱한 곳에서 화로 풀었다.

하지만 경제적으로 안정되자 놀라운 변화가 찾아왔다. 더 이상 식당에서 가격표를 보지 않게 된 것이다. 카드로 결제를 하고 나서 아내가 "얼마 나왔어?" 하고 물으면, 그제야 영수증을 들여다본다.

투자로 돈을 벌고 나서 깨달은 진짜 여유란, 슈퍼카를 타거나 대단한 사람인 척하는 데 있지 않았다. 작은 선택의 순간마다 돈이 아니라 내 마음에 따라 결정을 할 수 있게 되는 것, 그것이 진짜 자유였다.

그래서 나는 주변 지인들, 특히 돈 때문에 하루도 쉬지 못하고 끌려다니는 사람들에게 누구보다 진심으로 투자를 권한다.

"투자를 해야 합니다."

하지만 돌아오는 대답은 대부분 비슷하다.

"돈이 없어."

"그러니까 투자를 해야죠. 돈이 없으니까 투자를 하는 거예요."

이 말의 핵심은 단순하다. 돈이 없는 사람일수록 노동만으로는 자산을 늘리기 어렵다. 노동 소득은 한계가 있지만, 자본 소득은 복리로 성장한다. 그 차이를 깨닫는 순간부터 인생의 궤적이 달라진다.

물론 이런 이야기를 꺼내면 대화가 불편해진다.

"투자로 성공한 사람들은 원래 돈이 많았던 거잖아."

"네가 대기업 다니니까 여유가 있지."

"애가 없으니까 가능한 거야."

누군가가 정답처럼 반복하는 말들이다.

대기업에 다니는 사람들이 평균적으로 더 높은 소득을 얻는 건 사실이다. 그러나 그것이 투자를 하는 진짜 이유는 아니다. 그들이 투자를 하면서 성과를 낼 수 있는 것은 돈이 많아서가 아니라, 투자를 할 환경에 노출되어 있기 때문이다. 경제, 금리, 부동산에 대한 대화가 일상이고, 주변 동료나 선배가 자연스럽게 투자 이야기를 한다. 그런 자극 속에서 생각이 바뀌고, 행동이 바뀐다.

나 역시 운 좋게 대기업에 입사했고, 입사하자마자 우리사주라는 주식을 접하면서 자연스럽게 주식투자에 눈을 뜰 수 있었다. 바로 이 경험과 환경이 지금의 나를 만든 결정적인 계기였다.

그러므로 지금 곁에 있는 친구, 매일 마주하는 동료, 시간을 보내는 장소가 무엇보다 중요하다. 이미 성공한 이들이 입을 모아 '환경'을 강조하는 이유도 바로 여기에 있다.

만나는 사람들과 자연스럽게 경제와 투자, 시황과 지표, 그리고 정부 정책이나 금리에 대해 대화할 수 있어야 한다. 그래야 어린아이가 걸음마를 배워 달리기를 하듯 자연스럽게 자본주의 구조와 돈을 버는 원리를 깨달을 수 있다.

그러니 지금부터라도 그런 환경을 만들기 위해 노력해야 한다. 보다 적극적이고 능동적인 삶을 사는 사람들과 어울릴 수 있도록 커뮤니티나 모임에 먼저 가보자. 변화는 내가 속한 세계를 바꾸는 것에서부터 시작된다.

투자는 승부가 아니다

많은 사람들이 투자를 승부로 생각한다. 주식시장을 게임판으로 착각하고, 짧은 시간에 수익을 내야 한다는 강박에 사로잡힌다. 하지만 투자는 확률과 구조의 싸움이지, 감정과 속도의 승부가 아니다.

최근 알게 된 흥미로운 사실은, "돈이 없다"거나 "투자에 관심이 없다"고 말하는 사람들 상당수가 이미 투자로 실패한 경험이 있었다는 것이다.

그들 사이에는 공통점이 있다. 대부분 유튜브 영상이나 커뮤니티, 혹은 주변 지인의 말만 믿고 매매를 했다는 점이다.

"이 종목은 10배 간대."

"이건 진짜 정보야, 아는 사람들은 다 샀대."

적은 돈으로 투자를 시작해 자산이 불어나는, 이른바 '돈이 복사되는 경험'을 한 이들은 금세 평정심을 잃는다. 무리하게 투자금을 늘리고, 단기 융통이 가능한 자금까지 모조리 쏟아붓는다. 그러나 결과는 참혹하다. 결국 큰돈을 잃고 나서야 주변 지인이나 유튜버를 원망하며 시장을 떠난다.

무엇이 문제였을까. 문제는 종목이 아니라, 투자에 대한 본질적인 이해 없이 눈앞의 수익에 취해 행동한 자신에게 있다.

투자는 단발성 이벤트가 아니다. 자본의 생리를 이해하지 못하면 언제나 남이 던져주는 정보에 휘둘리는 사람이 된다. 내가 이 책에서 가장 강조하고 싶은 지점이 바로 이것이다.

이 책을 통해 독자에게 전하고 싶은 메시지는 이런 것이다. 왜 물가는 매년 오르는데 내 월급은 그대로인지, 왜 다른 사람들은 아파트를 척척 사는데 나는 형편이 점점 어려워지는지, 자본에 대한 이해를 바탕으로 왜 반드시 투자를 해야만 하는지 등을 함께 고민해보고 싶다.

나는 이 책에 나의 투자 과정을 있는 그대로 기록하려 한다. 여기에는 내가 겪었던 뼈아픈 시행착오와 실패, 그리고 안정적인 수익 궤도에 오르기까지의 여정이 가감 없이 담겨 있다. 우리나라 사람이라면 누구나 공감할 수 있는, 가장 현실적인 투자 이야기를 하겠다.

또한, 그 과정에서 정립한 나만의 기준과 원칙을 공개하려 한다. 유망한 종목을 발굴하는 안목부터 효율적인 계좌 관리법, 그리고 절체절명의 위기에서 살아남는 전략까지, 내가 투자 시장에서 생존하며 터득한 노하우를 아낌없이 나누겠다.

내 경험이 여러분에게 참고가 되어 투자의 본질을 꿰뚫는 자신만의 기준을 세우는 시간이 단 하루라도 앞당겨지기를 바란다. 그리하여 여러분 또한 나처럼 조기 은퇴를 통해 스스로가 진정으로 원하는 삶을 쟁취할 수 있기를 진심으로 기원한다.

프롤로그

: PART 1
나는 어쩌다 투자적 인간이 되었을까

ON BEING GOOD AT

· PART 1 ·

나는 어쩌다 투자적 인간이 되었을까

STOCK INVESTING

39세에
회사를 박차고 나오다

: 나도 영원히 회사를 다닐 줄 알았다

직업을 가진다는 건 분명 행복한 일이다. 특히 보수가 높은 회사에 입사하면 많은 이들의 부러움을 사고, 안정된 급여와 넉넉한 복지 혜택을 누릴 수 있다. 갖고 싶던 차를 사고, 좋은 음식을 즐기며, 여행을 떠나는 여유도 생긴다. 동료들과 어울려 사회적 관계를 쌓고, 회사라는 울타리 안에서 보호받는 듯한 안도감도 느낄 수 있다.

하지만 그런 안정과 풍요는 회사가 성장할 때만 가능한 일이다.

2015년, 불과 몇 년 전까지만 해도 신입사원을 뽑고 성과급을 지급하던 회사에서 갑자기 희망퇴직을 받는다는 소문이 돌기 시작했다. 특히 나이가 많은 직원들이 우선 대상이라는 이야기가 함께 퍼졌다. 경쟁사의 약진과 산업 구조의 변화 속에서, 한때 영원할 것 같던 회사는 더 이상 우리를 지켜줄 수 없게 된 것이다. 나 역시 30대 후반이라는 애매한 나이에, 회사에 남을 것인지 아니면 더 늦기 전에 새로운 도전을 선택할 것인지 기로에 섰다. 그리고 나는 결국 후자를 택했다.

2003년, 내가 LG디스플레이에 입사했을 때만 해도 회사는 활기로 가득 차 있었다. 입사와 동시에 회사는 주식시장에 상장되었고, 신입사원이던 우리에게도 우리사주가 배정되었다. 그것이 훗날 내가 투자에 눈을 뜨게 된 결정적인 계기였다.

회사는 매년 라인을 증설하고 새로운 공장을 세우며 공격적으로 성장했다. 급여는 빠르게 올랐고, 성과급도 두둑했다. 한국을 넘어 중국으로 사업을 확장하면서 나는 자주 해외 출장을 다녔고, 각종 포상과 함께 자존감 높은 회사 생활을 이어갔다.

내 업무는 회로 분석이었다. 불량이 발생해 라인이 멈추면 밤을 새워 원인을 찾았다. 일주일 동안 집에 한두 번밖에 들어가지 못할 때도 있었고, 회사에서 쪽잠을 자며 문제를 해결할 때도 많았다. 그럼에도 내 분석 결과에 따라 각 부서의 운명이 결정되는 모습을 보면서 큰 만족감을 느꼈다. 회사가 나를 필요로 한다는 느낌, 나는 이 회사에서 영원히 승승장구하리라 생각에 힘든 줄 몰랐다.

하지만 시간이 지나면서 회사는 달라졌다. 성과급은 줄거나 위로금으로 바뀌었고, 잔업과 특근까지 통제하기 시작했다. 중국 기업들은 매년 막대한 적자를 내면서도 정부의 전폭적인 지원을 바탕으로 무섭게 성장했다.

반면 우리 회사는 증설용으로 지어진 건물에 장비조차 들이지 못한 채 방치되었다. 조직은 끊임없이 개편되었고, 나 역시 여러 부서를 전전하며 '이곳을 떠나야 한다'는 생각이 들기 시작했다.

주변의 동료와 선배들, 특히 나이가 많은 선배들은 쉽게 회사를 떠나지 못했다. 회사 밖으로 나가면 곧바로 최저임금 수준의 일자리로 가야 하는 현실을 너무 많이 봐왔기 때문이다. 나 또한 같은 두려움이 있었지만, 회사가 이대로라면 언젠가는 나가야 한다는 확신이 점점 강해졌다. 그리고 마침내 '퇴사'라는 단어를 운명처럼 받아들이자 오히려 마음이 한결 가벼워졌다. 불안한 미래도, 가족의 행복을 지키는 일도 결국은 돈이 해결해야 할 문제였다.

다행히 입사 초기에 배정받은 우리사주 덕분에 나는 비교적 일찍 주식에 눈뜰 수 있었다. 그때부터 나는 주식투자에 대해 본격적으로 공부하기 시작했다. 《부의 추월차선》, 《월가의 영웅들》과 같은 책들을 닥치는 대로 읽으며, 나도 언젠가 투자로 자유를 얻은 사람들처럼 되겠다고 다짐했다.

: 7,000만 원과 5년 사이의 선택

언젠가 맞이할 퇴사를 준비하며 절약과 투자를 이어오던 어느 날, 회사에 희망퇴직 공지가 내려왔다. 머릿속으로는 늘 이 날을 준비해왔음에도, 막상 현실로 닥친 퇴사는 가슴 한구석을 서늘하게 만들었다.

곧장 퇴직 조건을 살펴봤다. 기본급 수십 개월 치에 달하는 특별 위로금이 적혀 있었다. 나는 머릿속으로 빠르게 계산기를 두드렸다. 현재 내 급여로 1년에 모을 수 있는 돈은 약 2,000만 원. 회사를 5년 더 다녀야 겨우 1억 원 남짓을 손에 쥘 수 있다는 계산이 나왔다. 반면 지금 퇴사를 선택하면 약 7,000만~8,000만 원의 보상금을 즉시 받고, 무엇보다 다가올 5년이라는 시간을 온전히 내 것으로 만들 수 있었다. 결론은 명확했다.

희망퇴직 설명회 첫날, 나는 주저 없이 손을 번쩍 들고 물었다.

"오늘 바로 신청해도 되나요?"

장내의 모든 시선이 일제히 나에게 쏠렸다. 굳은 표정으로 나를 바라보던 사람들의 눈빛은 지금도 생생히 떠오른다. '정말 나가겠다고?' 하는 걱정 섞인 시선과 '나도 저 사람처럼 나가야 하나?' 하는 두려움 어린 눈빛들이 뒤섞여 있었다.

퇴사는 예상보다 빠르게 결정되었고, 나는 퇴직금과 위로금, 그간 모은 자산을 더해 비로소 은퇴 자금을 마련할 수 있었다.

돌이켜보면 내가 남다른 선견지명이 있어 조기 은퇴를 설계하고 투자의 길로 들어섰던 것은 아니다. 오히려 회사의 위태로운 공기 속에서 어떻게든 살아남기 위해 몸부림친 결과가 지금의 나를 만들었다.

과거 수많은 책에서 보았던 '위기는 곧 기회다'라는 문장이 그때는 공허한 말처럼 들렸지만, 시간이 지나 보니 그것이야말로 진실이었다. 결국 입사와 동시에 보유했던 우리사주, 30대에 닥친 회사의 경영 위기, 그리고 직장생활 15년 차에 찾아온 희망퇴직이라는 일련의 사건들이 겹치며 나는 39세에 조기 은퇴할 수 있었다. 아니, 조기 은퇴할 수밖에 없었다.

지금은
돈이 일하는 시대다

회사의 위기 속에서 등 떠밀리듯 겪은 조기 은퇴와 투자의 길. 나에게 그 선택은 생존을 위한 처절한 몸부림에 가까웠다. 하지만 시간이 흐른 뒤 깨달은 진실은 달랐다. 투자는 단순히 직장을 떠났기에 필요했던 선택지가 아니었다. 조직에 몸담고 있든 홀로서기를 택했든, 이 시대를 살아가는 이들에게 투자는 피할 수 없는 '삶의 기본 조건'이었다.

오늘날의 세계는 더 이상 노동 소득만으로는 삶을 지탱할 수 없는 구조로 고착되었기 때문이다. 이 변화는 이미 되돌릴 수 없는 흐름이었다. 왜 그럴까.

실물 경기는 어렵고 내 지갑은 얇아지는데, 주식이나 부동산, 금과 같은 자산의 가격은 왜 계속 오르기만 할까. 이것을 이해하려면 미국 달러의 변화를 먼저 알아야 한다.

오늘날과 같은 자산 가격의 지속적인 상승은 1971년 닉슨 대통령이 금본위제를 폐지하면서 시작되었다. 그 전까지 달러는 금 1온스당 35달러로 가치가 고정되어 있었다. 다시 말해, 금 1온스를 보유해야만 35달러를 발행할 수 있었고, 이는 화폐 발행에 명확한 한계가 있었다는 의미다.

그러나 베트남 전쟁 등으로 막대한 재정이 필요해진 미국은 금 보유량과 상관없이 달러를 마구 찍어내기 시작했고, 각국이 달러를 금으로 교환해줄 것을 요구하자 미국은 딜레마에 빠졌다. 금은 한정되어 있는데 달러는 이미 너무 많이 찍어버린 것이다. 결국 미국은 달러를 금에 묶어 놓았던 제한을 풀어버리고 금본위제를 폐지하는 대담한 결정을 내렸다. 이른바 '닉슨 쇼크'다. 이것이 시장을 덮치면서 전 세계 물가와 원유 가격이 급등했고, 신용 창출에 기반한 현대적 인플레이션이 본격화되었다.

이 사건 이후 달러는 금이라는 제약에서 벗어나 무제한으로 발행될 수 있는 시스템이 되었고, 기축통화인 달러가 시장에 얼마나

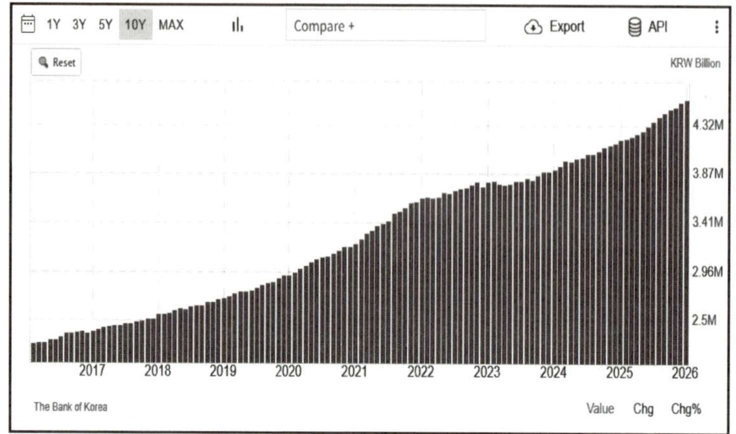

한국의 M2 통화량(2016–2025)

출처: 한국은행, trading economics

한국 M2 통화량은 2025년 12월 약 454조 원으로, 1970년 대비 약 7,600배 증가했다. 2025년 11월에서 12월 한 달 사이에도 약 4조 원 이상 시중 자금이 늘었다.

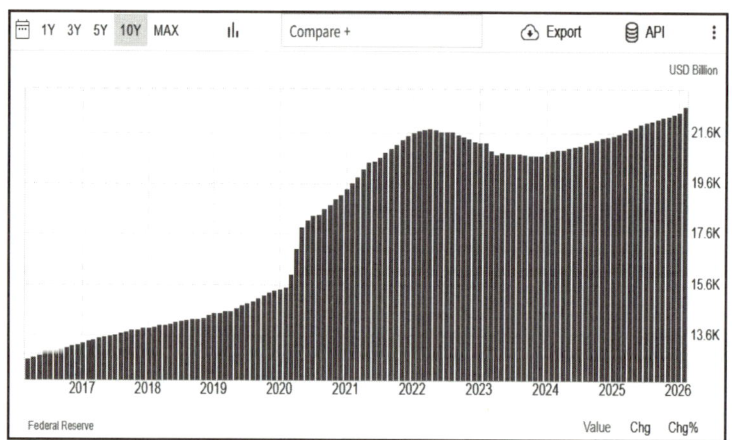

미국의 M2 통화량(2016–2025)

출처: 미국 연방준비제도, trading economics

미국 M2 통화량은 2025년 12월 약 22.4조 달러로, 1959년 대비 약 78배 증가했다. 2025년 12월 한 달 동안에도 약 76억 달러가 늘었다.

주식투자를 잘한다는 것

PART 1 | 나는 어쩌다 투자적 인간이 되었을까

풀리느냐에 따라 실물 경기와 상관없이 자산 시장은 끊임없이 상승하기 시작했다.

그래서 경기가 어렵다, 앞으로 더 어려워질 것이라고 모든 사람들이 생각할 때 오히려 자산 가격은 미친 듯이 상승하는 현상이 벌어진 것이다.

이러한 아이러니가 발생하는 이유를 이해하려면 정치의 작동 원리를 함께 봐야 한다. 사람들의 불만이 커지면, 정치인들은 자신들의 집권을 유지하기 위해 복지와 지원을 확대한다. 여기서 중요한 것은 그 재원이 세금이 아닌 돈을 찍어내는 방식으로 마련된다는 점이다. 경기가 어려울수록 정부 지출은 늘어나고, 시중에 풀리는 돈도 함께 증가하는 것이다.

여기에 더해, 미국은 중국과 같은 경쟁국의 성장을 견제하기 위해 자국 산업을 적극적으로 보호한다. 반도체 산업 지원, 청정에너지 보조금, 첨단 기술 투자 등 막대한 재정이 투입되며, 이 역시 달러를 찍어서 해결한다.

결국 시장에 돈이 점점 더 많아질 수밖에 없는 것이다. 경기가 좋을 때도 돈을 풀고, 경기가 나쁠 때도 국민의 불만을 달래고 산업을 보호하기 위해 돈을 더 많이 푼다. 이처럼 자산 가격은 실물 경기와 상관없이 우상향할 수밖에 없는 구조인 것이다.

M2 통화량은 시장에 돈이 얼마나 풀려 있는지를 한눈에 보여

주는 중요한 지표 중 하나다. 앞의 통화량 그림을 보면 한 가지 사실이 분명하게 드러난다. 지금까지 돈은 줄어든 적이 없고, 꾸준히 그리고 가파르게 증가해왔다는 점이다.

특히 주목할 시점은 2020년이다. 코로나19 팬데믹이라는 위기를 극복한다는 명목하에 미국은 전례 없이 많은 양의 돈을 풀었다. 1960년부터 2010년까지 50년간 시중에 풀었던 금액보다 2020년 한 해에 푼 돈이 더 많을 정도였다. 50년 치를 1년에 쏟아부은 것이다.

그 결과는 즉각적으로 나타났다. 2021년 주식시장은 사상 최고치를 경신하며 폭발적으로 상승했고, 주택가격 역시 급등했다. 실물 경기는 팬데믹으로 멈춰 섰지만, 돈이 주식과 부동산으로 몰리면서 자산 시장만큼은 축제 분위기였다.

: 풀린 돈이 우리에게 오지 않는 이유

그런데 시장에 돈이 많아질수록 우리의 삶은 점점 더 팍팍해진다. 이상하지 않은가. 그 많다는 돈이 왜 나에게는 오지 않는지, 우리는 그 이유를 알아야 한다.

답은 간단하다. 시중에 돈이 늘어나도 그 혜택은 '현금'을 들고 있는 사람에게는 거의 돌아가지 않는다. '자산'을 가진 사람에게만 집중된다.

주식을 가진 사람은 주가가 오르고, 부동산을 가진 사람은 집값이 오르며, 금을 가진 사람은 금값이 올라 자산이 늘어난다. 결국 사람들이 갖고 싶어 하거나 필요로 하는 실물 자산은 시장에 풀린 돈의 양만큼 가격이 함께 뛰어오르게 되는 것이다.

하지만 월급만 받아 현금으로 저축하는 사람은 웬만해선 자산이 늘지 않는다. 아니, 물가는 올랐는데 월급은 그대로이니 사실상 가난해진 것이다. 인플레이션은 부자들에게는 자산을 불려주는 도구가 되지만, 자산을 가지지 못한 서민들에게는 물가 상승이라는 명목으로 소득을 잠식해 들어오는 '숨겨진 세금'과 같다.

코로나19 팬데믹 당시 급격히 늘어난 유동성의 여파로 인플레이션이 심화되면서 그 이후에는 잠시 긴축의 시기를 거치기도 했지만, 미국은 중국과의 패권 전쟁이라는 결코 물러설 수 없는 게임을 시작했다. 미국은 전 세계 경제의 향방과 관계없이 자신들의 패권을 유지하기 위해 수단과 방법을 가리지 않을 것이며, 그 중심에는 화폐 발행을 통한 대대적인 '돈의 공습'이 자리 잡고 있다. 그 결과 시장에 돈은 계속해서 많아질 수밖에 없는 구조다.

심지어 미국은 이제 국채를 국가 대 국가를 넘어 전 세계 개인에게까지 판매하겠다는 이른바 '지니어스 법안(GENIUS Act)'•을 추진하며 야심 찬 계획을 세우고 있다. 과거 미국 채권의 주요 매입처였던 중국이 패권 경쟁 여파로 보유량을 줄여나가자, 미국은 그 대안으로 비트코인과 스테이블코인이라는 묘수를 찾아냈다. 실제로 스테이블코인 발행사들이 담보로 보유한 미국 국채 규모는 이미 독일 한 국가의 보유량을 넘어설 정도로 막대한 수준에 이르렀다.

우리가 이런 현상을 통해 읽어야 할 것은 미국이 앞으로도 계속 국채를 찍어 재정을 확대할 것이라는 강력한 신호다. 그리고 이는 결국 자산 가격 상승으로 이어질 수밖에 없다.

그렇다면 우리는 무엇을 해야 할까? 답은 분명하다. 하루빨리 실물 자산을 소유해야 한다. 돈이 계속 풀리는 시대에 현금만 보유하는 것은 서서히 가난해지는 길이다. 주식, 부동산, 금과 같은 실물 자산을 보유하는 것만이 인플레이션으로부터 자산을 지키고 늘려가는 방법이다. 이것이 바로 풀린 돈을 내 것으로 만드는 유일한 해답이다.

● 미국에서 발의된 스테이블코인 규제 법안으로, 달러 연동 스테이블코인 발행사에 100% 준비금 보유, 인가 및 감독, 공시 의무 등을 부과해 제도권 금융체계 안으로 편입하려는 내용을 담고 있다.

인플레이션 시대, 어떻게 살아남을 것인가

인플레이션의 진정한 의미는 물가가 오르는 현상이 아니라 우리가 가진 돈의 가치가 떨어지는 현상이다.

금 1온스를 예로 들면, 금 자체의 가치는 그대로임에도 이를 사기 위한 돈은 더 많이 필요해진다. 결국 물건값이 비싸진 것이 아니라 돈의 가치가 낮아진 것이다. 마트 물가나 외식비가 한 번 오르면 좀처럼 내려가지 않는 이유도 시장에 공급되는 돈의 양이 계속해서 늘어나기 때문이다.

안타까운 지점은 바로 여기에 있다. 돈의 가치가 하락하는 속도만큼 우리 월급이 빠르게 오르지 않는다면, 우리는 가만히 앉아서 자산을 잃고 있는 셈이 된다.

: 인공지능(AI) 시대, 노동의 가치

노동시장의 양극화는 더욱 가파르게 진행되고 있다. AI 관련 고급 인력에게는 연봉 수십억 원을 제시하며 기업들이 서로 영입 경쟁을 벌인다. 이는 단순히 개인의 능력에 대한 보상이 아니다. 그 한 사람이 만들어낼 기술과 시스템이 수만 명의 노동력을 대체할 수 있기 때문에 발생하는 가치다.

하지만 단순 인력에 대해서는 기업들이 자동화로 대체하거나 비정규직으로 전환하며 임금을 낮추려 애쓰고 있다. 시장에는 고급 인력이 부족한 반면, 일반 인력은 산업의 자동화와 세계적인 인구 증가 추세가 맞물려 공급 과잉 상태기 때문이다.

기업의 입장에서 보면, 안타깝게도 노동자는 가장 관리하기 까다로운 비용이자 리스크다. 우선 기업이 지불하는 부수적 비용이 막대하다. 급여 외에도 식비, 교통비, 각종 복리후생 등 눈에 보이지 않는 고정비가 끊임없이 지출된다.

정부의 강력한 규제와 법적 리스크 또한 기업에겐 큰 부담이다. 작업장의 안전 시설부터 소음, 조도, 오염 관리까지 수많은 가이드

라인을 준수해야 하며, 만약 현장에서 인명 사고라도 발생하면 사업주는 막대한 과징금은 물론 실형과 같은 치명적인 처벌을 감당해야 한다.

마지막으로 노사 관계의 불확실성이 존재한다. 노동자는 매년 물가 상승에 따른 임금 인상을 요구하며, 협상이 결렬될 경우 파업이라는 최후의 수단을 선택하기도 한다. 공장이 멈춰 서는 순간 발생하는 천문학적인 손실은 고스란히 기업의 몫으로 남는다.

이러한 기업의 고충은 공장 자동화와 휴머노이드 개발이라는 거대한 흐름으로 이어지고 있다. 실제로 일부 공정의 자동화에 성공한 어느 기업의 사례는 시사하는 바가 크다. 로봇의 작업 속도는 숙련된 노동자의 40% 수준에 불과했지만, 놀랍게도 해당 공정에서 발생하는 최종 수익은 이전보다 훨씬 늘어났기 때문이다.

이유는 단순했다. 로봇은 지치지도, 쉬지도 않으며 24시간 가동이 가능하다. 게다가 인간을 위해 필수적이었던 냉난방이나 조명 같은 유지비용을 상상을 초월하는 수준으로 절감할 수 있었다. 기업 입장에서 로봇은 불평 없이 묵묵히 이익을 극대화하는 완벽한 대안인 셈이다.

결국 기업들은 핵심 설계 인력을 제외한 단순 노동 인력을 자동화 시스템으로 빠르게 대체해나갈 것이며, 이는 누구도 거스를 수 없는 시대적 흐름이 되었다.

: 내 일자리를 위협하는 기업에 투자하라

주식투자를 잘한다는 것

그렇다면 우리와 같은 대부분의 노동자들은 어떻게 해야 할까? 열심히 일해서 벌어들인 월급으로 적금을 들면 될까? 은행 금리가 6% 이상 된다면 어느 정도 동의할 수 있지만, 현실은 그렇지 않다. 게다가 급여의 상승보다 자산 가격의 상승이 더 가팔라질 것이 분명하다.

그러므로 우리는 역설적이게도 우리의 일자리를 위협하는 바로 그 기업에 투자해야 한다. AI를 고도화해 삶의 방식을 혁신하고, 자율주행 기술로 인간을 운전의 고통과 사고의 위험에서 해방시키는 기업들이 그 대상이다. 이들은 효율화를 통해 기존의 일자리를 대체하겠지만, 동시에 더 저렴하고 혁신적인 서비스를 제공하며 막대한 부를 창출할 것이다. 따라서 우리는 이 기업들의 주주가 되어, 그들이 거두는 압도적인 수익을 함께 향유하는 전략을 택해야 한다.

테슬라가 자율주행 기술을 완성하면 수많은 택시 기사와 트럭 운전사가 일자리를 잃겠지만, 테슬라의 주주는 그 변화로 엄청난 수익을 얻는다. 엔비디아의 AI 칩이 발전할수록 많은 일자리가 사라지겠지만, 엔비디아의 주주는 부자가 된다.

이것이 자본주의 시대를 살아가는 노동자의 생존 전략이다. 노동으로만 살아가면 언젠가는 기계에게 밀려날 수밖에 없지만, 그 기계를 만드는 기업의 주주가 된다면 나를 위협하는 기술이 오히려 나의 자산을 불려주는 기회가 된다.

그러니 앞으로 기술 발전으로 인해 내 일자리가 걱정된다면, 더욱더 적극적으로 나에게 위협이 되는 그 기업에 투자해야 한다. 이것이 노동자가 자본가로 전환하는 가장 현실적인 방법이다.

금의 가치는
왜 꾸준히 오르는가

금은 전통적인 안전자산으로 알려져 있지만, 불과 몇 년 전까지만 해도 투자자들 사이에서는 외면받는 자산이었다. 다른 자산에 비해 가격 상승이 느렸고, 보유하더라도 이자나 배당 같은 현금 흐름이 전혀 없다는 점에서 예금보다 못한 선택으로 여겨지기도 했다. 하지만 2025년 금은 사상 최고가를 경신하며 투자자들의 뜨거운 관심을 받았다.

우리가 사용하는 지폐는 본질적으로 어떤 가치와 교환할 수 있다는 약속 증서다. 기축통화인 달러 역시 마찬가지다. 앞서도 말했듯, 제2차 세계대전 이후인 1944년, 44개국 정상이 모여 브레튼우

즈 협정을 통해 달러를 기축통화로 정하고 금 1온스를 맡기면 35 달러를 발급해주기로 협의했다. 하지만 1971년 닉슨 쇼크로 인해 미국은 금 태환을 중지해버렸다. 이것이 전 세계 인플레이션의 시작을 알린 시점이다. 이후로 금이라는 고삐에서 풀려난 달러는 이런저런 이유를 들며 시장에 마구 뿌려졌다. 당연히 시장에 풀린 달러는 모든 자산 가격을 끌어올렸고, 금 1온스를 사려는 달러의 수요가 늘어나면서 금 가격도 함께 상승했다.

달러를 마구 찍어내니 금 가격이 상승하는 것은 당연하다. 하지만 금은 시장에 풀린 달러의 양만큼, 딱 그만큼만 상승했을까? 아니다, 더 적게 상승했다.

전 세계의 기축통화는 이제 종이돈인 달러지만, 미국은 여전히 패권국의 통화를 유지하기 위해 막대한 금을 보유하고 있고, 금 가격을 통제하고 있다. 심지어 미국은 실물 금 가격을 통제하기 위해 더 큰 시장인 선물 가격을 인위적으로 누른다는 의혹을 수십 년째 받고 있다. 또한 각국의 중앙은행을 압박해 보유한 금을 매도하도록 종용하기도 했는데, 1999년 영국은 보유한 금의 58%를 공개 매도하기도 했다.

그럼에도 금 가격은 장기적으로 꾸준히 우상향해왔다. 달러는 금의 굴레에서 벗어났지만, 달러에 대한 신뢰는 여전히 미국이 '금의 나라'라는 사실에 기반하고 있으며, 이것이 금 가격을 장기적으

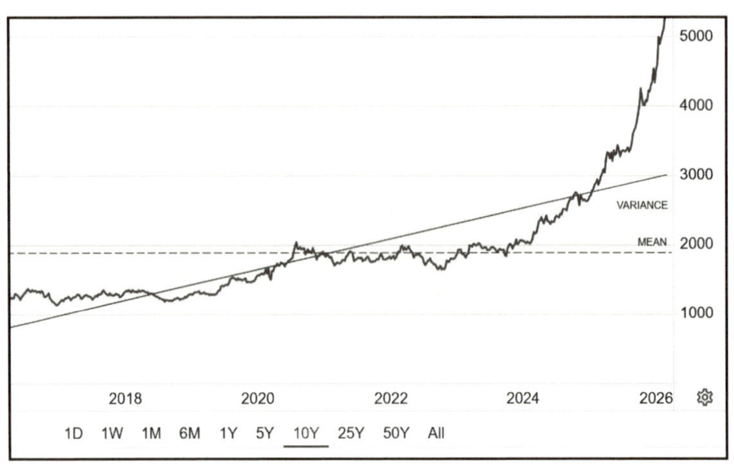

금 가격 추이(2016-2025)

출처: trading economics

금 가격은 2016년 약 1,100달러(트로이온스당) 수준에서 2025년 약 5,000달러 가까이 올라 약 4배 이상 상승했다.

로 지지하는 가장 강력한 힘이기도 하다.

: 정부가 인플레이션을 원하는 이유, 숨겨진 세금

이 메커니즘을 이해하면 금 가격이 오를 수밖에 없는 또 하나의 이유가 보인다. 정부는 사실 은밀하게 인플레이션을 원한다. 이유는 간단하다. 더 많은 세금을 거둬들여 지출 규모를 키우기 위해서다.

정부는 정권 유지와 국가 패권 확보, 복지 확대 등 다양한 명목으로 끊임없이 재원을 필요로 한다. 하지만 직접적으로 세율을 올리는 정책은 국민의 거센 저항에 부딪히며, 때로는 정권의 몰락을 초래할 만큼 위험하다.

그래서 정부는 인플레이션이라는 방식을 택한다. 인플레이션과 정부는 한패인 셈이다. 우리는 소비할 때마다 세금을 낸다. 이 가격 안에는 정부의 세금이 숨어 있다. 여기서 중요한 것은 세금은 절대 금액이 아니라 가격의 일정 비율이라는 점이다.

물건값이 2만 원에서 3만 원으로 50% 올랐다고 가정해보자. 세금은 가격의 일정 비율로 부과되므로, 정부는 국민의 직접적인 저항 없이 세수를 50% 더 확보하게 된다. 이것이 바로 인플레이션이 '숨겨진 세금'이라 불리는 이유다.

이 구조 자체가 금과 같은 실물 자산의 가격을 장기적으로 끌어올리는 핵심 배경이다.

: 금을 넘어서는 자산을 찾아라

인플레이션이 지속되는 구조에서 현금은 해마다 가치가 떨어질 수밖에 없다. 반면 금은 가치 보존 자산으로서 최소한의 구매력을 유지해준다. 이 점이 금 가격이 장기적으로 꾸준히 오르는 이유다.

하지만 금은 한계도 있다. 금은 생산 활동을 하지 않기 때문에 이익을 창출하지 않는다. 따라서 장기적 관점에서 금은 가치를 지키는 자산이지 가치를 크게 늘리는 자산은 아니다.

실제로 부를 크게 키우는 자산은 따로 있다. 현금을 쥐고 있으면 인플레이션에 의해 그 가치는 해마다 조금씩 깎여나간다. 금은 가치를 보존해주지만 그 이상의 수익을 기대하기는 어렵다. 하지만 생산 활동을 하는 기업의 주식이나, 수요가 꾸준한 주요 지역의 부동산은 다르다. 이들은 인플레이션을 반영할 뿐만 아니라, 그 이상의 성장을 만들어낸다.

우리는 100년간의 역사가 증명한 명백한 사실 하나를 받아들이기만 하면 된다. 자본주의가 성장하는 한, 자산은 우상향할 수밖에 없다는 진실 말이다.

정부는 끊임없이 돈을 찍어내고, 그 돈은 시장으로 흘러들어 대부분의 자산 가격을 상승시킨다. 하지만 모든 자산이 같은 속도로 오르는 것은 아니다. 세계 자본이 가장 많이 모이는 곳, 가장 혁신적인 기업들이 탄생하고 성장하는 곳의 자산이 가장 빠르게 성장한다.

미국 주식시장은 지난 100년간 전쟁, 대공황, 팬데믹 등 수많은 위기를 겪었지만 결국 우상향해왔다. 애플, 마이크로소프트, 엔비디아와 같은 기업들은 단순히 인플레이션을 따라가는 수준이 아니라, 세상을 바꾸며 폭발적인 성장을 만들어냈다.

그러므로 노동으로 번 돈을 이런 장기 우상향하는 자산에 넣고 꾸준히 유지하는 것, 이것이 자본주의 시대를 살아가는 우리의 생존 전략이다.

단기간에 집중해서 모아라

돈을 모을 때는 반드시 목표 금액과 기간을 명확히 정해두어야 한다. 예를 들어 5년 안에 투자 시드 1억 원을 모으겠다는 목표를 세운다면, 매달 약 165만 원 이상을 저축해야 한다. 여기서 중요한 것은 금액의 크기가 아니라 목표의 긴장감이다. '지금 상황에서도 충분히 가능한 수준'으로 계획을 세우면 절대 돈이 모이지 않는다. 조금 숨이 찰 정도로, 현실적으로는 어렵다고 느껴질 만큼 빠듯한 목표여야 한다.

나 역시 퇴사를 준비할 때, 아내에게 상황을 솔직히 털어놓고 함께 극단적인 절약 생활을 했다. 출퇴근은 자동차를 이용하는 대신 걸어 다녔고, 식사는 세끼 전부를 회사 식당에서 해결했다. 하루 용돈은 300원이었다. 회사 커피 한 잔이 150원이었기에 커피 두 잔이면 그날 지출은 끝이었다. 외식도, 쇼핑도, 여행도 모두 끊었다.

물론 이런 생활을 평생 지속할 수는 없다. 나는 돈을 모으는 일을 '얼마나 오래 버티느냐'의 문제가 아니라 '얼마나 제대로 집중하느냐'의 문제라고 생각했다. 그래서 단기간에 모든 에너지를 쏟아부어 극단적으로 돈을 모으기로 했다. 마치 전쟁터에 나가는 군인처럼, 딱 1~2년만 사력을 다해 버티면 된다고 스스로를 채찍질하며 다독였다. 하지만 인간의 의지력에는 한계가 있다. 식단을 극도로 제한하거나 인간관계를 끊어낸 채 숫자에만 매몰되는 생활이 길어지면, 정서적인 고립과 만성적인 피로가 쌓여 결국 삶의 균형이 무너지고 만다. 그러니 이 과정은 결코 마라톤이 되어서는 안 된다. 지치기 전에 목표 지점에 도달할 수 있도록, 가장 짧은 기간에 모든 역량을 동원해 단숨에 돌파해야 한다.

나는 여러분에게 단기간에 집중해서 1억 원을 모아보라고 권하고 싶다. 그렇게 모은 1억 원은 그 어떤 자산보다 단단하게 투자의 근간이 되어줄 것이다. 0에서 1억 원까지 스스로의 힘으로 도달해본 경험은 평생토록 사라지지 않을 자부심이다. 무엇보다 중요한 사실은, 그 순간부터 돈이 가치를 창출하며 여러분을 위해 일하는 든든한 파트너가 된다는 점이다.

직장인 최고의 시드머니, 퇴직금

직장인에게 가장 큰 시드머니는 단연 퇴직금이다. 평생의 노동이 응축된 결과물이자, 인생 2막을 설계할 기회의 자산이기 때문이다.

퇴직금은 '최근 3개월 평균임금과 근속연수'를 바탕으로 산정된다. 회사를 오래 다닐수록, 진급하여 급여가 오를수록 그 액수는 늘어난다. 무엇보다 법적으로 보호받기에 떼일 위험이 없고, 시장 폭락으로 자산이 반토막 날 일도 없다. 투자 세계를 통틀어 이토록 확실한 '확정 수익형 상품'은 어디에도 존재하지 않는다.

따라서 직장인이라면 급여는 최대한 저축하고 남은 돈으로 소비하는 습관을 가져야 한다. 그렇게 모은 돈으로 대출을 상환하고 일부를 투자하며 버티되, 퇴직금만큼은 퇴사하는 날까지 절대 손대지 말고 쌓아가야 한다.

진정한 승부는 퇴사 후에 갈린다. 그동안 지켜온 퇴직금을 미국 지수나 배당주 같은 인컴 자산에 투자해 지속적인 현금 흐름을 만들어야 한다. 그래야만 직장을 떠나서도 안정적인 생활을 유지할 수 있다.

퇴직금은 단순히 '마지막으로 받는 큰돈'이 아니라, '이제부터 나를 위해 일할 자본'이다. 그 자본이 만들어내는 배당과 이자가 매달 혹은 매 분기마다 통장에 꽂히는 순간, 우리는 비로소 돈의 속박에서 자유로워질 수 있다.

DC형 퇴직연금을 적극 활용하라

최근에는 확정기여형(DC형) 퇴직연금 제도가 활발히 도입되고 있다. 회사가 매년 일정 금액을 적립해주면 근로자가 직접 운용하는 방식으로, 스스로 투자 전략을 세워 퇴직금을 자산으로 키울 수 있다는 점이 핵심이다.

DC형의 가장 큰 장점은 퇴직금을 중간 정산하지 않고도 곧바로 실전 투자에 활용할 수 있다는 점이다. 계좌 내에서 미국 ETF나 채권 등 다양한 글로벌 자산에 분산 투자할 수 있어, 재직 기간 중에도 퇴직금을 단순히 쌓아두는 대신 장기 성장의 도구로 쓸 수 있다.

강력한 세제 혜택 또한 놓칠 수 없다. 일반 계좌와 달리 과세이연 효과가 있어 복리 수익을 극대화하는 데 훨씬 유리하다.

직장인에게 DC형은 월급으로 현재를 살고, 퇴직연금으로는 은퇴 이후를 위한 탄탄한 복리 포트폴리오를 구축하게 해주는 최적의 수단이다.

ON BEING GOOD AT

· PART 2 ·

나도 한때
무지성투자자였다

STOCK
INVESTING

우리만 아는
고급 정보는 없다

나는 우리사주를 받으면서 처음으로 주식의 세계에 눈을 떴다. 직장 동료와 선후배 할 것 없이 모두가 주식투자를 하고 있었고, 나 역시 큰 고민 없이 그 흐름에 합류했다.

이후의 과정은 여느 개인투자자와 크게 다르지 않았다. 벌었다가 잃고, 잃었다가 다시 벌기를 반복하며 뚜렷한 기준 없이 매매를 이어갔다.

아직도 기억나는 투자가 있다. 한 기업이 원전을 개발한다는 소식이었다. 언론에는 기사 한 줄도 뜨지 않았고 그 어떤 정보도 구할 수 없었다. 하지만 오래전부터 투자를 해온 선배들이 이 기업에 투자했다는 소식이 들려왔고, 흡연실과 회식 자리에서 그 주식 정보는 점점 더 퍼져나갔다.

선배들의 말에 따르면 이 기업이 탐사 중인 유전이 대박이 났다는 것이었다. 그리고 이 유전을 개발하면 최소 수십 년간 우리나라 국민 전체가 에너지 걱정 없이 살 수 있고, 더 나아가 우리나라도 원유 수출국이 될 수 있다는 이야기까지 흘러나왔다. 미공개 정보였고, 아는 사람만 아는 고급 정보였다. 곧 기사가 날 것이고, 기사가 나면 연일 상한가로 올라 살 수가 없으니 지금 사야 한다는 논리였다.

지금 생각해보면 그런 미공개 정보가 우리에게까지 들려왔다는 것 자체가 이미 작전 세력의 의도였거나 유통 기한이 지난 소문이라는 뜻이었다. 하지만 당시에는 누구도 그런 경험이 없었고, 무언가에 홀려 있었으며, 주가는 계속 오르고 있었기에 의심하지 못했다.

돈 앞에서는 아무리 똑똑한 사람이라도 바보가 된다는 말이 딱 맞았다. 우리 부서의 많은 선후배들이 그 주식을 사는 데 뛰어들었고 상당 기간 수익이 났다. 상한가를 기록하기도 해서 추가로 돈을 더 넣는 선배들도 있었다.

그러나 다들 예상하듯이 그 종목은 하한가를 맞다가 결국 거래 정지가 되었고, 투자한 모두는 전액 손실을 봤다.

이렇게 큰 손실을 본 후 내 투자 태도가 달라졌을까? 당연히 아니다. 나는 작전 세력을 욕하면서 오히려 '일찍 팔았다면 돈을 벌 수 있었는데' 하며 후회를 했다. 지금 생각하면 기가 막힐 노릇이다. 문제의 본질을 보지 못하고, 매매 타이밍만 탓했던 것이다.

투자를 처음 시작할 때는 누구나 어리석고 실수투성이다. 심지어 같은 실수를 반복하기도 한다. 나 역시 투자를 시작한 후 수많은 시행착오를 겪었다.

바이오 붐이 한창이던 어느 날이었다. 언론은 연일 바이오 관련 뉴스를 쏟아냈고, 한국이 바이오 산업의 중심이 될 것 같은 분위기가 조성되었다. 그러던 중 한 바이오 기업이 눈에 들어왔다. 곧 임상 3상을 앞두고 있었고, 이것만 성공하면 주가가 10배는 더 오른다는 소문이 돌았다. 주변 지인들이 매수를 시작하며 수익을 자랑하기 시작했고, 나도 가진 돈 전부인 2,000만 원을 투자했다.

어떤 임상인지, 실제 매출은 발생하는지, 2상 결과는 어땠는지 전혀 알지 못했다. 하지만 신문 기사와 지인들의 말에서 확신을 얻었다. 그것만으로 충분하다고 생각했다.

몇 주가 지나자 투자는 말 그대로 대박이 났다. 불안했던 마음은 사라지고 수익에 취해 나 역시 지인들과 동료들에게 자랑을 하고 다녔다. 수익이 절정에 이르렀을 때, 내 계좌에는 9,200만 원이라는 엄청난 금액이 찍혀 있었다. 나는 '2억이 되면 BMW를 사야지' 하는 즐거운 상상에 빠졌다.

하지만 행복했던 시간은 잠시였다. 주가는 하염없이 빠지기 시작했다. 초반에는 사람들과 함께 '개미털기다', '조정이다'라며 버텼다. '언젠가는 다시 오르겠지' 하는 근거 없는 희망은 나를 질질 끌고 다녔다. 그 결과 나는 원금이 900만 원 남은 시점에 손절할 수밖에 없었다.

나도 뒤늦게 깨달았지만 투자를 할 때 첫 번째 원칙은 '잃지 않는 것'이다. 왜 그런지는 다음 표를 보면 명확히 알 수 있다. 손실률이 커질수록, 원금을 회복하기 위해 필요한 수익률은 기하급수적으로 늘어난다.

9,200만 원에서 900만 원으로 계좌가 녹아내렸을 때, 나는 거의

손실률	만회에 필요한 수익률
-10%	11.1%
-20%	25.0%
-30%	42.9%
-50%	100.0%
-90%	900.0%

손실 만회에 필요한 수익률

90%의 손실을 봤다. 그런데 이 900만 원으로 다시 9,200만 원을 만들려면 900% 이상의 수익률이 필요하다. 이는 사실상 불가능한 영역이다.

왜 금액이 아니라 수익률로 따질까? 투자는 '남은 돈'으로 하는 것이기 때문이다. 만약 1억 원에서 1,000만 원을 잃으면 9,000만 원이 남는다. 이 9,000만 원으로 다시 1억 원을 만들려면 1,000만 원을 벌어야 한다. 금액으로 보면 같은 1,000만 원이지만, 기준이 되는 원금이 달라졌다. 9,000만 원 기준으로는 11.1%의 수익률이 필요한 것이다.

10%를 잃으면 11.1%의 수익으로 회복할 수 있다. 하지만 50%를 잃으면 100%의 수익, 즉 두 배를 벌어야 본전이다.

9,200만 원에서 900만 원으로 계좌가 녹아내렸을 때, 나는 정확히 90.2%의 손실을 봤다. 이 900만 원으로 다시 9,200만 원을 만들려면 922%의 수익률이 필요했다. 현실적으로 불가능에 가까운 숫자다.

더 큰 문제는 심리적 압박이다. 투자에서 큰 손실을 본다는 것은 단순히 돈을 잃는 것에 그치지 않는다. 다시 시작할 기회 자체가 사라질 수 있다. 잔고가 줄어들수록 원금을 회복해야 한다는 조급함은 이성을 마비시킨다. 마음이 급해지면 무리한 레버리지에 손을 대거나 변동성이 극심한 고위험 자산에 몰빵하게 될 가능성이 커진다. 이는 결국 스스로를 벼랑 끝으로 내모는 격이며, 시장에서 영원히 퇴출당하는 길로 접어들게 만든다.

: 내가 한국 시장을 떠난 이유

주식투자 기간이 길어지고 수익과 손실을 반복하면서, 나는 자연스럽게 주식을 제대로 공부하고 싶다는 욕구가 생겼다. 전문가들이 제시한 기준에 따라 매출이 지속적으로 증가하는 기업을 골라보고, 차트를 활용한 매수 타이밍 포착법 등 다양한 기법과 정보를 습득했다.

수익이 나니 주식 공부가 더 재밌었다. 기업 IR 자료도 꼼꼼히 챙겨봤고, 차트에 이동평균선을 직접 설정하며 HTS의 각종 보조지표를 분석했다. 그렇게 나는 점점 더 주식에 빠져들었다.

그런데 시간이 지나면서 이상한 현상이 나타났다. 더 많이 공부하고 더 많은 정보를 바탕으로 매매했는데도, 오히려 손실이 커졌던 것이다. 공부할수록 돈을 잃는 역설적인 상황이었다.

나에게 특히 큰 손실을 안겨준 주식이 있다. 국내 1위 브랜드 파워를 가진 건설사였다. 당연히 매출도 탄탄했다. 나는 장기투자를 하기로 결심했기에 상당한 금액을 투자했다. 하지만 이 기업의 주가는 바닥을 알 수 없을 정도로 하락하기 시작했다. 손실 금액은 눈덩이처럼 불어났고, 나는 결국 장기투자의 꿈을 접고 손절할 수밖에 없었다.

시간이 흘러 이 회사의 주가가 하락한 원인을 한 블로그를 통해 알게 되었다. 그 이유는 바로 '상속'이었다.

한국의 상속세율 수준은 악명 높다. 기업들은 창업주가 나이 들어 물러나기 수년 전부터 이른바 '주가 관리'를 시작한다. 물려줘야 하는 기업의 주가가 높으면 납부해야 하는 상속세도 높아지기 때문이다. 돈이 부족한 창업주의 자녀는 기업을 물려받을 경우 기업을 매각해서 상속세를 내야 하는 상황에 직면할 수 있다. 그러니 편법을 쓰는 것이다. 기업의 활동을 멈추고, 수단과 방법을 가리지 않고 기업의 주가를 떨어뜨린다.

당시 이 기업이 사용한 방법은 수주를 하지 않는 것이었다. 브랜드 파워 1위 기업이 수주를 하지 않아 수익을 악화시키니 주가는 하염없이 떨어졌다. 당시에는 이런 방법이 있는지 모르다 보니 속절없이 당할 수밖에 없었다. 아무리 기업 분석을 열심히 해도, 오너의 개인적 이해관계 앞에서는 무용지물이었다.

증권사 사이트에는 특정 기업의 뉴스를 한눈에 볼 수 있도록 모아둔 코너가 있다. 겉으로 보기엔 편리한 기능이지만, 그 안을 들여다보면 낯선 이름의 언론사들이 적지 않다. 들어본 적도 없는 매체들의 기사들이 뒤섞여 올라오는데, 증권사 사이트에 노출되어 있다는 이유만으로 신뢰할 만하다고 착각하기 쉽다.

그런데 돈만 주면 원하는 대로 기사를 써주는 언론사들이 있었다. 확인되지 않은 '카더라 뉴스'가 버젓이 기사로 포장되어 올라왔고, 나는 그것을 진짜 정보로 믿고 수차례 매수와 손절을 반복했다. 결과적으로 나는 허위 공시(기업이 투자자에게 알리는 공시 내용 중 사실과 다른 정보, 왜곡된 정보, 중요한 사실을 고의로 누락한 공시 등을 말함)의 덫에 걸려 시장의 먹잇감이 되어 있었다.

나는 완전히 무너졌다. 차트를 아무리 공부해도, 재무제표를 아무리 들여다봐도, 이런 일들은 피할 수 없었다. 시장에서 내가 맞닥뜨린 불공정은 지식의 문제가 아니었다. 게임의 룰 자체가 불공정했던 것이다.

결국 내가 한국 시장 비중을 줄여야겠다고 생각한 결정적 계기는 물적분할 논란이었다. 기업의 핵심 사업부를 떼어내 자회사로 만들고, 기존 주주들은 알짜 사업의 지분을 잃게 되는 구조였다. 뉴스에서는 대기업들이 아무런 제재 없이 이런 편법으로 주주들에게 손해를 끼치는 장면이 연이어 보도되었다.

그때 나는 확신했다. 한국 시장은 단순히 몇몇 오너의 탐욕이 문제가 아니라, 제도 자체가 개인투자자에게 불리하게 짜여 있다고 말이다. 당시의 정부는 이를 고치려는 의지가 없어 보였고, 개인투자자들이 아무리 말해도 그 외침은 닿지 않는 듯했다.

그래서 2010년대 중후반 나는 한국 주식을 상당 부분 정리하고, 미국으로 눈을 돌렸다. 미국은 공시 위반, 회계 부정, 내부자 거래에 대한 처벌 수위가 높았고, 기업의 자산과 부채 평가 기준 역시 엄격했다. 주가 조작에 대한 수사도 매우 적극적이었으며, 징벌적 배상 원칙이 확립되어 있었다. 말 그대로 주가를 조작하면 패가망신한다는 분위기가 시장에 형성되어 있었다. 그곳에는 적어도 내가 믿고 따를 만한 '게임의 규칙'이 있어 보였다.

120개 종목을
사들이다

: 해외 시장에서의 첫 발견

미국 시장으로 눈을 돌린 뒤, 처음에는 마치 새로운 세상에 입성한 기분이었다. 애플, 구글, 아마존, 마이크로소프트 같은 세계적 기업들이 즐비했고, 월배당 ETF, 리츠 ETF, 고배당 ETF, 반도체 ETF 등 선택지는 무궁무진했다. '이 정도면 어디에 투자해도 손해 보지 않겠다'는 안도감이 들었다.

특히 같은 산업군의 기업들을 묶어둔 ETF의 다양성은 인상적이었다. 개별 종목처럼 상장폐지될 위험도 없으니, 목돈을 투자할 때도 마음이 훨씬 편했다.

점차 미국 시장의 흐름을 이해하면서 자신감도 붙었다. 마침 유튜브가 폭발적으로 성장하던 시기였고, 수많은 경제 콘텐츠가 쏟아졌다. 반도체, AI, 클라우드 등 특정 분야에 정통한 전문가들이 기업의 비즈니스 모델을 해부하듯 설명했다. 나는 그 세계에 빠져들었다. 밤을 새워 영상을 보고, 분석한 내용을 정리하고, 새로운 종목을 찾아내며 투자를 이어갔다.

미국 시장에 익숙해질 즈음, 시야는 자연스레 일본과 중국으로 확장됐다. 소니, 소프트뱅크 같은 기업들이 눈에 들어왔다. 정보가 많아질수록 사고 싶은 종목도 늘었다. 어느 날은 중국과 베트남의 육류 소비 성장률을 분석하다가, 현지 돼지고기 가공기업 주식을 매수해서 예상치 못한 큰 수익을 얻기도 했다. 이런 성공 경험은 나를 더욱 적극적인 투자자로 만들었다.

그러던 어느 날 계좌를 정리하던 나는 깜짝 놀라고 말았다. 보유 종목이 어느덧 120개를 넘어서고 있었기 때문이다. 시장에서 좋아 보이는 종목을 발견할 때마다 고민 없이 하나둘 담다 보니, 나도 모르는 사이 계좌는 통제 불가능할 정도로 비대해져 있었다.

누군가는 이렇게 종목이 많으면 관리가 불가능하다고, 심지어 '죽도 밥도 안 된다'고 말한다. 워런 버핏은 "분산 투자는 무지에 대한 방어책"이라고 했다. 하지만 그때의 나에게는 그 말이 통하지 않았다. 계좌의 수익은 꾸준히 늘어났고, 그 상승 곡선이 나의 확신이 되었다. 그 시절의 나는 단 한 가지 이유로 행복했다. 내 계좌의 수익률이 꾸준히 오르고 있었다!

: 월배당의 충격과 배당주의 함정

미국 주식에 본격적으로 뛰어들면서, 지금도 잊히지 않는 몇 가지 충격적인 경험이 있다. 그중에서도 가장 강렬했던 것은 '월배당'의 존재였다.

배당이란 기업이 1년간의 영업활동을 통해 얻은 이익의 일부를 주주에게 나누어주는 것을 말한다. 당시 우리나라에는 배당을 주는 기업이 드물었고, 주더라도 1년에 한 번이 전부였다. 그런 와중에 미국에는 매달 배당금을 지급하는 상품이 존재한다는 사실을 접했을 때, 나는 충격에 빠졌다.

처음에는 반신반의하는 마음이 컸다. 그래서 아주 소액만 투자해 실험해보기로 했다. 그때 포트폴리오에 담았던 종목이 바로 '리얼티인컴(Realty Income)'이다. 미국에 상장된 세계 최대 규모의 상업용 부동산 투자신탁(REITs) 기업으로, 연 6%가 넘는 배당수익률을 자랑하며 매월 배당을 지급한다는 점이 특징이었다. 반신반의

하는 마음으로 매수를 시작했으나, 불과 몇 달 뒤 계좌에 따박따박 입금되는 현금을 보며 의구심은 확신으로 바뀌었다.

그때 느꼈던 전율은 지금도 생생하다. 1년에 단 한 번 배당을 주는 국내 주식시장에만 익숙했던 나에게, 매달 제때 들어오는 월배당은 마치 현실성 없는 사기 상품처럼 느껴질 정도였다.

그날 이후 나는 배당의 세계에 완전히 빠져들었다. SCHD, XLU, DIV 등 배당 ETF를 닥치는 대로 사 모았다. 내 계좌로 들어오는 배당금은 점점 불어났고, 어느덧 배당금이 수백만 원에서 많게는 수천만 원에 이르는 상황에 도달했다.

그러나 높은 배당에는 반드시 그만한 대가가 따랐다. 대부분의 배당주는 임대 수익이나 안정적 현금 흐름에 의존하며, 벌어들인 수익의 상당 부분을 배당금으로 지급해버린다. 이익잉여금이 쌓이지 않으니 기업이 성장하기 어렵고, 주가는 더디게 움직인다.

물론 인플레이션에 따라 주가가 조금씩 오르기도 한다. 하지만 배당주가 배당금으로 연 6%를 주는 동안, 성장주는 1년에 수십에서 수백 퍼센트까지 오를 수 있다. 안정적이라는 이유로 배당주에만 몰두하면 자산을 불려야 할 시기에 오히려 성장의 기회를 놓치게 된다.

여기에 더해, 배당금을 받으면 건강보험료와 세금이 함께 늘어난다는 사실을 나는 뒤늦게 알았다. 배당소득이 금융소득으로

잡히자 건강보험료가 크게 뛰었고, 종합과세대상이 되면서 세부담도 만만치 않았다. 이것이 미국 시장에서 얻은 나의 첫 번째 충격적인 배움이었다(배당투자에 대해서는 Part 5에서 좀 더 자세히 설명하겠다).

: 애플에서 배운 진짜 브랜드 파워

두 번째 충격은 애플이었다. 애플이 새로운 아이폰을 발표할 때마다 한국은 늘 출시가 가장 늦은 국가 중 하나였다. 그럼에도 소비자들은 몇 주씩 기다려가며 예약 구매를 했다. 번호표를 받아 줄을 서고, 밤새 매장 앞을 지키는 풍경은 그 자체로 충격이었다.

도대체 어떤 회사가 '기다림'까지 상품으로 만든단 말인가? 일반적인 기업이라면 출시 지연은 곧 매출 감소를 의미한다. 소비자들은 경쟁사 제품으로 눈을 돌리고, 구매 열기는 식어간다. 하지만 애플은 달랐다. 늦게 출시될수록 오히려 기대감은 더 높아졌고, 그 기다림조차 하나의 이벤트가 되었다.

심지어 한국이 출시 우선순위에서 밀리자 일부 소비자들이 '한국을 무시한다'며 항의 시위를 벌이기도 했다. 그 모습은 아이러니했다. 자신들을 무시한다고 항의하면서도, 결국 그 제품을 사기 위해 줄을 서는 소비자들의 모습 말이다. 이것은 단순한 제품 구매가 아니었다. 일종의 소속감에 대한 갈망이었다.

이를 보며 나는 한 가지 사실을 깨달았다. 진짜 브랜드는 광고로 만들어지지 않는다. 기다림으로 증명된다.

애플은 단순한 전자제품 회사가 아니라 '경험'을 파는 기업이었다. 제품을 개봉하는 순간부터 시작되는 디자인, 직관적인 인터페이스, 그리고 애플 스토어라는 공간까지. 모든 것이 하나의 생태계로 연결되어 있었다. 한 번 들어오면 빠져나가기 어려운, 그리고 빠져나가고 싶지 않은 세계를 만든 것이다.

그때부터 나는 애플을 단순한 투자 종목이 아닌, 현대 자본주의의 교과서로 보기 시작했다. 이것이 진짜 브랜드 파워고, 워런 버핏이 말한 경제적 해자●의 완벽한 사례였다. 경쟁사가 아무리 좋은 제품을 내놔도, 애플이 구축한 이 생태계와 브랜드 충성도를 넘어서기란 사실상 불가능했다.

● 기업이 경쟁자에게 쉽게 따라잡히지 않도록 지켜주는 보이지 않는 방어막. 브랜드, 특허, 규모의 경제, 네트워크 효과 등으로 만들어지며, 이 개념은 워런 버핏이 자주 사용해 널리 알려졌다.

: 미국 시장의 합리성

한국 시장을 떠났던 이유가 불합리성이었다면, 미국 시장에 머물게 된 이유는 합리성이었다.

미국의 자본 시장은 주주의 이익이 곧 기업의 이익이라는 철학을 기반으로 움직인다. 미국 기업들은 대부분 전문 경영인 체제로 운영되며, 자식에게 회사를 물려주지 않는다. 세습이 없으니 지분 문제로 인한 주가 왜곡도 적다. 또한 물적분할은 주주의 권한을 법적으로 강력히 보호하는 제도 때문에 사실상 추진하기 어렵다. 전문 경영인은 자신의 성과가 곧 주주의 이익과 직결되므로, 이익을 자사주 매입과 배당으로 돌려주는 것이 당연한 관행으로 자리 잡아 있다.

미국에서는 인수합병 시 대주주와 소액주주를 구분하지 않는다. 모든 주식을 동일한 가격에 매입해야 하며, 우리나라처럼 경영권 지분에만 프리미엄을 붙여 소액주주가 피해를 보는 일은 원천적으로 불가능하다.

무엇보다 미국의 자본 시장은 강력한 법 집행으로 지탱된다. 주가 조작이나 내부자 거래에 연루되면 기업이 존속하지 못할 만큼의 막대한 과징금과 형사처벌이 뒤따른다. SAC캐피털 사건이 대표적이다. 알츠하이머 신약 기밀 정보를 이용해 부당 이득을 취한 포트폴리오 매니저 매튜 마토마는 부당이득의 두 배가 넘는 과징금과 최대 45년의 형량을 선고받았다. 이 사건은 전 세계 투자자에게 경고처럼 남았다. "애초에 시도할 엄두조차 내지 못할 만큼 강력하게 처벌하라".

이런 제도적 환경 덕분에 미국은 세계에서 가장 합리적이고 투명한 시장으로 자리 잡았다. 투자자들은 신뢰를 바탕으로 장기적인 수익 구조를 설계할 수 있고, 그 결과 시장 전체가 꾸준히 우상향한다. 게임의 룰이 공정하니 장기투자가 가능하고, 장기투자가 가능하니 복리의 마법이 작동할 수 있는 것이다.

미국 시장은 나에게 단순한 투자처가 아니라, 불합리한 한국 시장에서 벗어나 합리적인 투자자가 되도록 이끌어준 배움의 무대였다. 한국 시장에서의 실패는 고통스러웠지만, 그 고통이 나를 더 나은 시장으로 이끌었고, 결과적으로 더 나은 투자자로 만들어주었다.

종목을 20개로 압축하며 배운 것들

: 왜 종목을 줄여야 했는가

그렇게 순탄한 나날이 이어지던 어느 날, 내 주식 계좌에 이상한 조짐이 나타났다. 어떤 종목은 수익률이 몇백 퍼센트씩 치솟는 데 반해, 어떤 종목은 끝없이 추락하고 있었다.

당시 나는 중국 전기차 산업의 잠재력을 확신하며 BYD에 투자했고, 워런 버핏이 매수해 화제가 되었던 옥시덴털 페트롤리엄(OXY)도 함께 보유하고 있었다. BYD 주식은 놀랍게도 800%에 가까운 수익을 냈다. 그런데 OXY는 계속해서 하락을 거듭했다.

대부분의 초보투자자들이 그렇듯, 나 역시 본능적으로 '잘 오른 주식'을 먼저 팔고, '손실 난 주식'을 가지고 버티기 시작했다. '언젠가는 오르겠지'라는 기대감은 집착으로 바뀌었고, 계좌의 수익은 점점 줄어들었다. 시간이 갈수록 상승하는 종목은 더 올랐고, 하락하는 종목은 좀처럼 반등하지 못했다.

결국 내가 전부 매도했던 BYD는 현재(2025년)도 사상 최고가를 향해 질주하고 있고, OXY는 버핏의 이름값에도 불구하고 여전히 제자리를 맴돌고 있다.

나는 120개의 종목을 보유하고 있었지만, 정작 그중 어떤 종목이 진짜 좋은 기업인지 제대로 파악하지 못했던 것이다.

그때 비로소 깨달았다. 주식은 단순히 사놓고 기다리는 게임이 아니라 관리가 필요한 자산이라는 것을 말이다. 각 종목의 주가 흐름과 기업의 히스토리를 꾸준히 추적해야 했고, 산업의 방향성을 읽어내야 했다. 성장 산업의 종목은 길게 가져가고, 사양 산업으로 접어드는 기업은 과감히 비중을 줄여야 했다.

: 잘못된 첫 시도, 오른 종목부터 팔다

돌이켜보면 투자의 벽은 생각보다 높고 험난했다. 수많은 책과 강연을 통해 정답에 가까운 조언들을 수없이 접했지만, 당시의 나에게 그것들은 공허한 이론에 불과했다. 지식은 머리로 익힐 수 있지만 진정한 교훈은 오직 자신의 계좌를 통해서만 배울 수 있다. 그 사실을 나는 뒤늦게 알아차렸다.

그 시절 나는 계좌의 수익률이 출렁이는 모습을 지켜보며, 가장 먼저 수익권에 들어온 종목부터 매도하곤 했다. 이유는 단순했다. '수익을 확보해야 한다'는 본능적인 조급함 때문이었다. 그때는 그것이 가장 현명한 결정이라 믿었다. 나름대로 비중을 조절하는 합리적인 행위라고 생각했는데, 지금 돌아보면 너무나 단기적인 발상이었다.

수익률이 좋은 종목을 우선 매도하면서도 계좌를 완전히 비우지는 않았다. 아무리 경험이 부족했어도 애플이나 구글 같은 초우량 기업을 통째로 팔아버려선 안 된다는 것쯤은 알았기 때문이다.

결국 내가 내린 결론은 단순했다. 대형주는 남기고, 소형주는 버리자. 대형주는 왠지 든든했고, 소형주는 불안했다.

결과적으로 이는 절반만 옳은 판단이었다. 그 과정에서 팔란티어와 같은 유망주를 소형주로 분류해 매도해버린 것이다. 이는 정말 뼈아픈 실수였다. 그렇게 수익권에 있던 종목과 소형주들을 성급히 정리하고 나자, 계좌의 동력은 눈에 띄게 약해졌다. 상승 동력이 큰 종목들이 사라졌고, 남은 것은 성장이 더딘 지지부진한 종목들뿐이었다.

몇 달 뒤 우연히 접한 강의에서 '달리는 말에 올라타라'는 문장이 가슴에 깊이 박혔다. 강한 시세를 내며 상승하는 주식이 결국 더 높이 올라간다는 단순한 진리였다.

그날 이후 내가 성급히 매도했던 종목들을 하나하나 다시 추적해보았다. 결과는 절망적이었다. 매도 버튼을 누른 시점 이후로 주가는 오히려 폭발적인 상승 흐름을 타고 있었기 때문이다. 그동안 잘못된 원칙에 갇혀 스스로 수익의 기회를 놓치고 있었다는 사실을 실감했다.

그리하여 며칠을 고민한 끝에 결단을 내렸다. 손실이 나는 종목들을 대거 정리하고, 테슬라와 같은 강력한 성장주를 중심으로 포트폴리오를 다시 짜기로 한 것이다. 그렇게 120여 개의 종목을 20여 개로 압축하면서, 비로소 내 계좌의 구조가 보이기 시작했다. 그것은 종목의 숫자만 줄인 것이 아니라, 투자 철학을 뿌리부터 새로 세우는 치열한 복기의 과정이었다.

: 종목을 줄일수록 늘어난 수익률

종목을 과감히 압축하자 시장 지수의 상승 폭을 압도하는 수익이

나기 시작했다. 한때 마이너스까지 추락했던 계좌는 무서운 속도로 회복되더니, 순식간에 2억 원대 수익을 돌파했다.

특히 기술주들은 시장 조정 국면에서도 번갈아가며 상승세를 이어갔다. 포트폴리오를 압축한 이후 10% 안팎의 하락장에서도 수익률의 낙폭이 크지 않았고, 며칠 지나지 않아 회복됐다. 시장을 주도하는 기술력 있는 기업들 위주로 포트폴리오를 구성한 것이 수익을 빠르게 키운 핵심이었다.

그 시절 나는 좋은 종목을 고르는 것만으로는 부족하다는 사실을 깨달았다. 보유 종목을 지속적으로 관리하고, 상황에 따라 비중을 조절하며, 때로는 과감히 정리할 줄도 알아야 했다. 투자는 종목 매수로 끝나는 게 아니라 지속적인 관리가 필요한 과정이었다.

흔히들 집중 투자는 리스크가 크다고 말한다. 나 역시 이 말에 전적으로 동감한다. 성격상 한 종목에 큰 금액을 넣고 버틸 자신도 없다. 그래서 한동안 분산 투자에 빠져들었고, 집중 투자로 실패한 사례들을 일부러 찾아보며 위안을 삼기도 했다.

하지만 공부를 하면 할수록, 한두 종목에 올인하는 투자는 아니더라도 적은 시드머니를 너무 많은 곳에 분산하면 오히려 시장 지수의 수익률조차 이길 수 없다는 사실을 알게 됐다.

분산 투자를 할 때는 무조건 종목 수를 늘리는 것보다 성격이 다른 종목에 분산하는 것이 중요하다. 예를 들어 테크 기업인 아마

존과 소비재 기업인 코카콜라를 함께 보유하는 식이다.

경제가 위축되고 시장이 얼어붙는 시기에는 대부분의 자산 가격이 하락한다. 심지어 대표적인 안전자산인 금 가격도 떨어진다. 사람들의 주머니 사정이 팍팍해지면 외식, 의류, 화장품 등 선택적 소비부터 줄이기 때문이다.

그런데 흥미로운 점은 담배, 술, 콜라 같은 제품의 소비는 오히려 늘어난다는 것이다. 스트레스가 커질수록 이런 제품을 더 찾게 되는 인간의 심리 때문이다. 그래서 경기가 좋을 때 우량주로 평가받던 기업들이 깊은 조정을 받는 반면, 필수 소비재나 불황 관련주는 주가가 떨어지지 않거나 오히려 상승하는 모습을 보인다.

결국 분산 투자를 하더라도 시장 변화에 대응할 수 있는 포트폴리오를 구성하는 것이 핵심이다. 다만 과도한 분산은 오히려 시장 지수 수익률에도 못 미치는 결과를 낳는다.

이상적인 포트폴리오는 시장을 주도하는 성장주, 경기를 방어할 수 있는 필수 소비재, 그리고 안정적인 수익을 주는 지수 ETF를 적절히 섞는 것이다. 이렇게 각 섹터의 특성을 살린 균형 잡힌 구성이 장기적으로 계좌를 지키면서도 성장시킬 수 있는 방법이다.

나는 수많은 시행착오를 거치며 한 가지 사실을 확신하게 되었다. 사람은 결국 직접 겪어야 변한다는 점이다. 좋은 강의에서 얻은 날카로운 통찰과 시장의 격랑에 직접 몸을 부딪치며 체득한 경

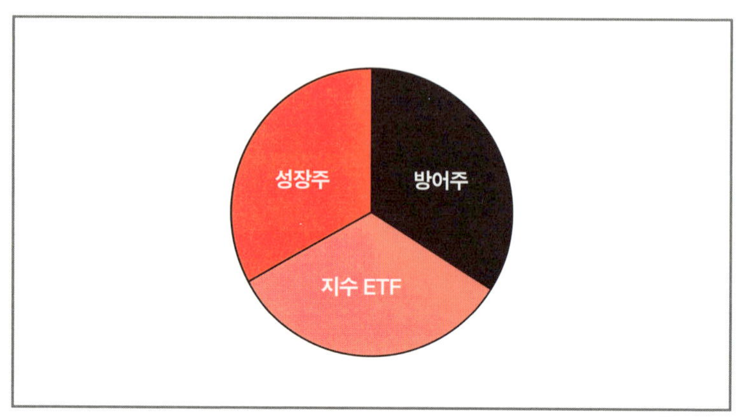

이상적인 포트폴리오

험이 쌓이자, 역설적으로 내 투자 방식은 점점 단순해졌다.

복잡한 보조지표나 거창한 이론에 매몰되는 대신, 본질을 꿰뚫는 나만의 몇 가지 원칙만으로 종목을 선별하고 관리할 수 있게 된 것이다. 곁가지를 쳐내고 핵심만 남기는 과정, 그것이 비로소 시장에서 흔들리지 않는 나만의 중심을 잡는 길이었다(포트폴리오를 구성하는 원칙은 Part 5에서 구체적으로 소개하겠다).

실패 속에서 정립한
나만의 투자 원칙 세 가지

: 원칙 1 – 시대의 변화에 소액으로 먼저 참여하라

미래를 바꿀 것 같지만 확신이 서지 않는 종목이 있다면, 주저하지 말고 소액만 투자한다. 이 작은 투자는 단순히 돈의 문제가 아니라 '관심의 시작'이다. 돈이 들어가면 그 기업을 유심히 지켜보게 되고, 자연스럽게 공부가 된다. 시간이 지나며 시장의 참여자들이 늘어나고, 기업에 대한 분석이 풍부해지면 비로소 확신이 생긴다.

내가 팔란티어를 소형주라 여기고 정리했던 실수는 이 원칙을 세우는 계기가 됐다. 그때는 팔란티어의 가치가 시장에 널리 알려지지 않았지만, 2025년 러시아–우크라이나 전쟁 이후 데이터 분석의 중요성이 부각되며 기업의 가치는 폭발적으로 상승했다.

그 경험 이후로 나는 확신이 없는 종목은 소액으로 먼저 참여하고, 시간이 흐르며 객관성이 확보되면 주가가 다소 오른 뒤라도 비중을 늘리기로 했다.

: 원칙 2 – 새 종목 편입 시 기존 종목 하나를 빼라

포트폴리오에 새로 편입하는 기업이 있다면, 기존 종목을 그만큼 비워내야 한다. 이 단순한 원칙은 '선택과 집중'을 만들어준다. 기존 기업을 뺄 만큼 새 기업이 더 나은가, 과연 그 교체가 내 포트폴리오에 장기적인 가치를 더할 것인가를 끝없이 고민하게 만든다. 이 고민의 과정이 바로 검증이며, 그 검증이 쌓이면 통찰이 생긴다.

예를 들어 내 계좌에 20개의 종목이 있는데 새로운 AI 관련 기업이 눈에 들어왔다고 해보자. 이 원칙에 따르면 나는 기존 20개 중 하나를 반드시 빼야 한다. 그렇다면 어떤 종목을 뺄 것인가? 이 질문에 답하는 과정에서 자연스럽게 다음과 같은 고민을 하게 된다.

- 현재 보유 중인 20개 종목 중 가장 성장 가능성이 낮은 것은 무엇인가?

- 새로 들어올 AI 기업이 기존 기업보다 확실히 나은 점은 무엇인가?

- 섹터 중복은 없는가? 이미 AI 관련주가 있다면 추가로 필요한가?

- 장기적으로 이 교체가 포트폴리오의 균형을 해치지는 않는가?

이런 고민과 원칙 없이 그저 좋아 보이는 종목을 하나둘 담다 보면, 포트폴리오는 어느새 통제 불능의 상태에 빠진다. 자기도 모르는 사이 수십 개, 수백 개의 종목이 계좌를 가득 채우게 되는 것이다. 하지만 이 원칙을 지키면 자연스럽게 종목 수는 일정하게 유지되고, 포트폴리오의 질은 점점 높아진다.

: 원칙 3-변동성 낮은 종목의 비중을 늘려라

갑자기 현금이 생기면 대부분의 투자자들은 새로운 종목을 찾아 나선다. 하지만 나는 그 돈을 '새로운 기회'가 아니라 '안정의 영역'으로 옮긴다. 즉, 지수 ETF의 비중을 늘리는 것이다.

투자자에게 가장 큰 공포는 폭락과 상장폐지다. 이 두 가지를 피하는 방법은 간단하다. 상승장에서 일부 수익을 확보하고, 그 자금을 변동성이 적은 상품으로 이전하는 것이다.

대표적인 예가 QQQ나 SPY와 같은 미국 지수 ETF다. 이 상품들은 주요 우량주를 묶어놓은 지수 추종 펀드로, 개별 종목이 50% 넘게 급락해도 ETF는 20% 내외의 변동성만 보인다.

결국 변동성이 큰 종목에서 얻은 수익을 안정적인 지수형 자산으로 옮겨놓는 일을 꾸준히 반복하면, 종목 수는 줄고 투자금은 늘어나는 구조가 만들어진다. 이것이 장기적으로 자산을 불리는 가장 효율적인 방법이다.

이렇게 나는 120개의 종목을 매매하는 과정에서 수많은 실패를 겪으며 나만의 기준을 세울 수 있었다. 좋은 책을 읽고, 훌륭한 강의를 듣는 것도 중요하지만 결국 진짜 배움은 내 계좌를 운용하는 경험으로부터 온다.

그래서 나는 늘 이렇게 말한다.

"직접 120개의 종목을 사서, 그 무게를 견뎌보라."

여기서 120개는 당연히 정해진 숫자가 아니다. 그만큼 많은 종목을 직접 사고팔며 몸으로 부딪혀보라는 뜻이다.

실수를 통해서만 자신만의 원칙이 생긴다. 나 역시 회사 선배들과 어울리며 정보 매매를 하다 실패했고, 테마주에 올라타 큰돈을 벌었다가 모든 걸 잃었다. 국내 시장을 떠나 해외로 갔지만, 기준 없이 종목을 쓸어 담다 위기의 순간마다 계좌가 요동쳤다. 그 모든 과정이 괴롭고 혼란스러웠지만, 지금 돌이켜보면 하나하나가 내 투자 인생의 디딤돌이었다.

그 시행착오가 없었다면, 나는 여전히 무지성매매를 하고 있을 것이다. 주식은 도박이라며 스스로를 위로하고, 실패의 이유를 감추며 살았을지도 모른다.

내가 이 글에서 나의 실수와 치부를 숨김없이 드러내는 이유는 단 하나다. 여러분이 나와 같은 시행착오를 조금이라도 덜 겪고, 조금 더 빠르게 안정적인 투자자로 성장하길 바라기 때문이다.

물론 이 글을 한 번 읽는다고 투자 습관이 당장 바뀌지는 않을 것이다. 하지만 언젠가 여러분의 계좌에도 이 원칙들이 조금씩 새겨지길 바란다. 나 역시 수많은 책과 강의를 통해 더디게 성장했지만, 그 지식들이 없었다면 더 일찍 포기했을 것이다.

결국 경험과 배움은 연결되어 있다. 그래서 나는 말한다. 급하게 돈을 벌려 하지 말고, 시장의 본질을 먼저 이해하라. 그리고 부디, 나처럼 다양한 투자를 경험하며 배우길 바란다.

ON BEING GOOD AT

· PART 3 ·

나는 이렇게 수익 나는 종목을 고른다

STOCK INVESTING

좋은 종목을 알아보는 눈
세 가지 질문에 답할 수 있어야 한다

투자자들이 가장 많이 하는 질문이 있다.

"어떤 종목을 사야 하나요?"

이 질문 뒤에는 복잡한 재무제표 분석과 산업 리포트를 읽어야 한다는 부담감이 숨어 있다. 전문가들이 쏟아내는 용어들, 온갖 지표와 차트 패턴, 그리고 끝없이 업데이트되는 뉴스들. 이 모든 것을 다 알아야만 좋은 종목을 고를 수 있다고 생각한다.

하지만 내 대답은 다르다.

"그렇게 복잡하게 생각하지 않아도 됩니다."

투자를 위해서는 일단 좋은 종목을 알아보는 눈이 있어야 한다.

그런데 이 '눈'이라는 것이 특별한 재능이나 전문 지식을 의미하는 게 아니다. 오히려 세상을 바라보는 관점과 호기심, 그리고 조금의 성실함이면 충분하다.

나는 재무 전문가가 아니다. 애널리스트 출신도 아니고, 경제학을 전공하지도 않았다. 그저 세상의 변화를 관찰하고, 그 변화가 어떤 산업에 영향을 미칠지 상상하며, 호기심이 생기면 검색해보는 평범한 투자자일 뿐이다. 그런 내가 어떻게 엔비디아, 마이크론, 희토류 기업, 원전 관련주에 투자해 수백, 수천 퍼센트의 수익을 낼 수 있었을까? 비결은 단순하다. 복잡한 분석 대신 본질을 보려 했고, 전문가의 말보다 내 확신을 믿었으며, 무엇보다 끊임없이 질문하고 스스로 답을 찾았다.

투자에서 가장 중요한 것은 좋은 종목을 알아보는 눈이다. 그리고 그 눈은 거창한 분석 기법이 아니라, 세상을 제대로 보는 관점에서 시작된다. 지금부터 그 관점을 어떻게 만들어가는지 이야기해보겠다.

: 기업 분석, 이 정도면 충분하다

많은 투자자들이 기업 분석을 어려워한다. 재무제표를 보고, PER

과 PBR을 계산하고, 산업 분석 리포트를 읽어야 한다고 생각한다. 물론 이런 분석도 중요하긴 하지만, 나는 조금 다른 접근을 한다.

내가 기업을 분석할 때 가장 먼저 확인하는 것은 다음의 세 가지다.

첫째, 이 기업이 속한 산업의 미래는 어떤가?

아무리 좋은 기업이라도 사양 산업에 속해 있다면 장기투자 대상이 될 수 없다. 반대로 성장하는 산업에 속한 평범한 기업도 시간이 지나면 좋은 수익을 안겨줄 수 있다.

산업의 미래를 판단하는 질문은 의외로 단순하다.

"이 산업의 제품이나 서비스를 예전보다 더 많이 사용하는가? 앞으로 사용량이 늘어날 것인가, 줄어들 것인가?"

반도체를 예로 들어보자. 100명에게 물으면 100명 모두 반도체 수요가 "더 늘어날 것"이라고 답한다. "반도체는 산업의 쌀입니다. 앞으로 수요가 폭발할 것이고, 공정이 더욱 미세화되면서 기술 진입 장벽은 더 높아질 겁니다. 미세화 라인을 구축하는 비용도 천문학적이어서 새로운 기업이 등장하기는 사실상 불가능합니다. 기존 업체들의 지배력은 더욱 강화되고, 마진도 계속 높아질 겁니다"라고 말이다.

그런데 놀랍게도 열변을 토하는 사람들의 포트폴리오를 열어보면 정작 반도체 종목이 없는 경우가 많다. 투자자들과 이야기를 나눠보면 하나같이 이성적인 답변을 내놓지만, 실제 투자 행동은 이상하리만치 그 이성과 상식을 따르지 않는다.

좀 더 깊이 이야기를 나눠보면 그 이유를 금세 알 수 있다. 바로 지금 당장 급등하는 종목이 아니기 때문이다. 미래에 반도체가 성장할 것이라는 사실을 뻔히 알면서도, 단기 수익에 매몰된 나머지 기다림을 견디지 못하는 것이다. 반대로 확신을 갖고 투자를 시작했다가도, 경기가 위축되는 시기에 쏟아지는 각종 미디어의 공포스러운 뉴스를 버텨내지 못하고 결국 손을 털어버린다.

투자로 돈을 벌기 위해서는 '뻔한' 미래를 예측하고, 그 '뻔한' 기다림을 끝까지 실천할 수 있어야 한다.

둘째, 이 기업은 해당 산업에서 어떤 위치에 있는가?

1등 기업인가, 2등 기업인가, 아니면 독보적인 기술을 가진 중소기업인가?

나는 1등을 선호하지만, 때로는 정부 정책이나 시장 환경을 고려해 2등이나 3등 기업을 선택하기도 한다. 2, 3등 기업은 기술력이나 성장성이 충분함에도 시장에서 저평가되어 있을 때가 많고, 정책의 방향에 따라 오히려 1등보다 더 큰 기회를 잡는 경우도 있다. 혹은 2, 3등 기업이 갖고 있는 기술에 따라 달라지기도 한다.

그래서 나는 일시적인 순위보다 정책의 무게와 자금의 흐름을 볼 때가 많다.

마이크론 투자가 대표적인 사례다. 정치 뉴스는 중요한 투자 정보다. 정치 뉴스를 단기적 정보라고 생각해 소홀히 하는 경우가 있는데, 기업에 투입되는 정부 정책 자금을 결코 무시해서는 안 된다. 특히 기축통화를 발행하는 국가의 정책이라면 더욱 그렇다.

미국의 자국 우선주의 정책을 관찰하면서, 나는 반도체 분야에서 1, 2등이 아닌 3등 기업에 주목하게 됐다. TSMC는 독보적인 기술력을 보유하고 있다. 이를 의심하는 사람은 없을 것이다. 하지만 마이크론은 다르다. 메모리 분야에서는 삼성전자에, HBM에서는 SK하이닉스에 밀리는 3등 기업이다. 그럼에도 나는 TSMC에 이어 마이크론을 선택했다. 그 이유는 마이크론이 미국 기업이기 때문이었다.

2025년 초, 미국은 자국 내 반도체 공장의 건립을 압박하는 메시지를 연일 쏟아냈다. 일부 국가에는 안보를 이유로, 다른 국가에는 관세를 무기로 압박 강도를 높여갔다.

대다수 사람들은 이런 압박에 분노했지만, 나는 다르게 생각했다. 상대가 거칠게 나올수록 그 뒤에는 취약점이나 급박한 사정이 숨어 있는 법이다.

더욱 흥미로운 것은 미국이 자국 기업을 대하는 방식이었다. 막대한 지원과 보조금을 쏟아붓고, 심지어 외국 기업에게 미국 기업을 기술적으로 도우라고 공식적으로 요청하기까지 했다. 이런 상황을 지켜보면서 눈에 들어온 기업이 바로 마이크론이었다. 규모는 작지만 HBM을 SK하이닉스 다음으로 생산할 만큼 기술력을 보유하고 있다. 무엇보다 중요한 것은 미국 기업이라는 점이다.

미국의 전략은 명확했다. 시간이 걸리더라도 향후 수년간 막대한 보조금으로 마이크론을 키우고, 미국 내 공장을 건설하는 외국 기업들로부터 기술까지 흡수하려는 의도였다.

그래서 나는 반도체의 미래를 확신하면서도 마이크론에 투자했다. 실제로 이 글을 쓰고 있는 현재(2025년 말), 내 계좌에서 엔비디아보다 2배 이상 높은 수익률을 기록하고 있다.

투자는 기업의 기술력과 실적만으로 결정되지 않는다. 국제 정세와 정치적 상황까지 종합적으로 고려해야 더 큰 수익을 얻을 수 있다. 정부 정책과 국가 간 역학관계를 주의 깊게 관찰해야 하는 이유다.

셋째, 이 기업의 성장 가능성을 보여주는 구체적 신호가 있는가?

증설, 해외 진출, 신규 고객 확보와 같은 뉴스들이 그 신호다. 이런 움직임은 기업 스스로 미래를 확신한다는 증거기 때문이다.

대부분은 기업의 실적에 집중하지만, 기업의 실적에 대한 뉴스는 이미 일어난 과거의 데이터일 뿐 미래를 보장하지 않는다. 그래서 내가 가장 챙겨보는 소식은 바로 증설, 해외 진출, 신규 고객 유입이다.

증설 뉴스가 지속적으로 나오고, 경쟁 업체들도 앞다투어 증설에 뛰어드는 모습을 보면, 나는 그 산업에 대한 확신을 갖게 된다. 여기에 최근 변화와 같이 관세나 정책 이슈로 미국 현지 생산까지 확대된다면, 그 확신은 더욱 강해진다.

기업에게 투자는 회사의 운명을 좌우하는 중대한 결정이다. 특히 해외 투자의 경우, 확실한 매출 전망이 없다면 기업은 섣불리 나서지 않는다. 대기업은 공장 설립이 지연되어도 일부 손실을 감수할 여력이 있지만, 중소기업은 잘못된 투자 하나가 회사의 존립을 위협할 수 있기 때문이다.

그래서 나는 주요 기업과 중소기업의 해외 진출, 국내 증설, 신규 고객 확보에 대한 뉴스에 집중한다. 기업들은 개인투자자가 접근하기 어려운 내부 정보와 시장 분석을 바탕으로 중대한 결정을 내리기 때문에, 이런 뉴스는 보다 확실한 투자 기회를 알려주는 신호가 된다.

복잡한 재무 분석보다 이 세 가지 질문에 분명한 답을 얻는 것이 더 중요하다. 재무제표는 과거를 보여주지만, 이 세 가지 질문은 미래를 보여주기 때문이다.

그렇다고 재무제표를 아예 몰라도 된다는 이야기는 아니다. 최소한 기업이 돈을 벌고 있는지, 빚은 얼마나 있는지, 현금은 충분한지 정도는 알아야 한다. 그것조차 확인하지 않는다면 아무리 좋은 산업에 속한 기업이라도 부도 위기에 처한 회사를 살 수도 있다. 기본적인 재무 건전성만 확인하면 된다. 복잡한 재무 비율이나 회계 용어를 다 알 필요는 없다.

: 두산에너빌리티 발굴기

2025년, 나의 국내 투자 사례를 들어보겠다.

AI 데이터센터에 대한 공격적인 투자로 미국의 빅테크 기업과 엔비디아, 그리고 반도체 기업들의 주가가 연일 사상 최고치를 경신하고 있었다. 하지만 아무리 첨단 기술을 가진 산업이라도 결국 전기 없이는 한낱 고철에 불과하다는 사실을 깨달았다. 구산업이라 여겼던 발전, 송전, 배전망 없이는 AI도 더 이상 성장할 수 없었다.

이미 이 문제를 예견했던 일론 머스크는 원전과 가스 발전을 해답으로 꼽았다. 비록 원전 건설에 최소 5년이 걸린다는 제약이 있지만, SMR(소형모듈원전)이 미래 에너지의 필수 요소라는 점에는 모두가 공감하고 있었다. 나 또한 이 분명한 변화의 물결에 따라 두산에너빌리티에 투자를 시작했다.

문제는 지금 당장 필요한 에너지였다. 그 해답이 바로 가스터빈 발전이었다. 풍부한 천연가스를 활용해 날씨와 무관하게 안정적으로 전력을 생산할 수 있다는 점에서 최적의 에너지원으로 떠올랐다.

하지만 가스터빈 발전은 핵심 부품 중 하나인 블레이드의 제조 난이도가 높기로 유명했다. 미국의 제너럴일렉트릭, 독일의 지멘스, 일본의 미쓰비시히타치파워시스템이 세계 시장을 석권하고 있었는데, 이 세 기업만으로는 폭발하는 시장 수요를 감당할 수 없었다. 터빈 관련 대장주인 제너럴일렉트릭의 경우 이미 수주한 물량만 7년치가 넘는다는 뉴스가 전해졌다. 누가 봐도 쇼티지(shortage, 공급 부족) 상태였다.

이러한 상황이 두산에너빌리티에게는 기회였다.

사실 나는 두산에너빌리티가 가스터빈 기술 개발에 도전했다는 소식을 오래전 접한 기억이 있었다. 하지만 실제 양산 가능한지 여부는 한참 후 기사를 통해 알게 됐다. 두산에너빌리티가 이미 2019년에 국산화에 성공해 독보적인 기술력을 확보했을 뿐만 아니라, 김포 열병합발전소에서 실증 운전 중이라는 사실은 내게 확신을 주었다. 나는 소형모듈원전을 보고 투자를 시작했으나, 가스터빈 수요의 폭발적 증가와 향후 수소터빈으로의 확장성을 확인하며 두산에너빌리티의 투자 비중을 조금씩 늘려갔다.

그러다 비중을 더 늘리고 싶은 사건이 일어났다. 두산에너빌리티가 가스터빈을 미국에 수출하는 첫 사례가 나온 것이다. 2025년 10월, 두산에너빌리티는 미국 빅테크 사와 380MW급 가스터빈 2기 공급 계약을 체결했다.

이 사건의 의미는 매우 컸다. 가스터빈의 종주국은 미국이다. 그 미국에 후발주자인 한국 기업이 수출을 하게 된 것이다. 그동안 해외 주요 기업들은 한국 기업의 가스터빈을 구매하지 않았다. 가스터빈 제조 과정에 들어가는 블레이드는 엄청난 고열과 높은 내구성을 유지해야 하는 합금으로 만들어지는데, 해외 기업들 입장에서 굳이 검증되지 않은 제품을 구입해 리스크를 떠안을 이유가 없었기 때문이다.

하지만 두산에너빌리티는 국내에서 오랜 시간 검증을 거치며 천천히 실력을 증명했다. 그리고 AI 사이클에 맞물려 폭발하는 전력 수요가 새로운 기회를 만들어줬다. 한국 기업은 단가는 낮고, 납기는 반드시 지키며, A/S도 누구보다 잘해주기로 세계적으로 유명하다. 나는 이 가스터빈 2기를 시작으로 전 세계 가스터빈 시장을 공략할 수 있는 길이 열렸다고 판단했다.

이것이 바로 기업의 성장 신호를 읽는 방법이다. 증설 뉴스, 해외 진출 소식, 신규 고객 확보는 기업 스스로가 미래를 확신한다는 가장 강력한 증거다.

내부자만 아는 정보나 기업의 비밀로 투자해야 수익을 낼 수 있다고 생각하는 분들이 있다면, 위 과정을 통해 투자에 대한 시각을 바꿔보길 권한다. 투자는 누구나 아는 정보만으로도 충분히 고민하고 실행한다면 얼마든지 수익을 낼 수 있는 시장이다. 우리가 고민할 것은 산업과 기업의 성장이지, 미공개 정보가 아니다.

재무제표, 나는 이 정도만 본다

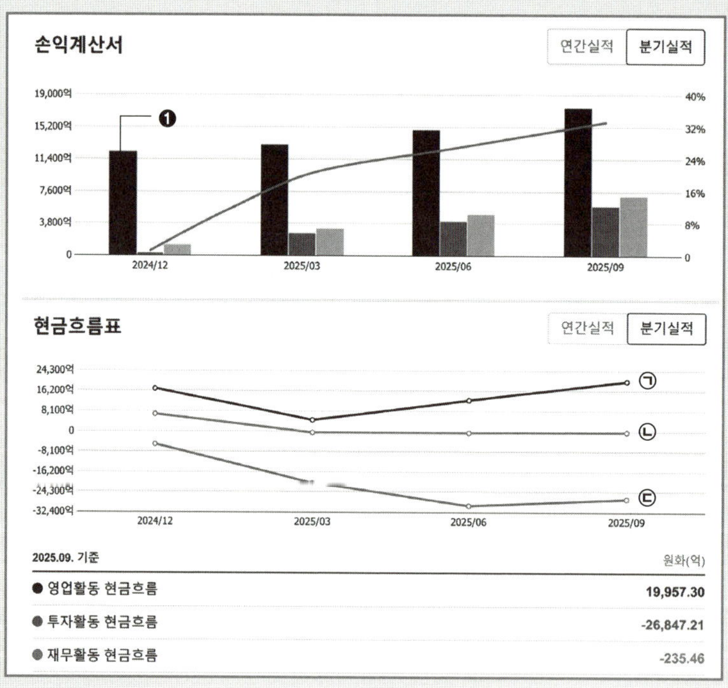

모 기업의 손익계산서 및 현금흐름표

종목을 고를 때 나는 재무제표를 깊이 분석하지 않는 편이다. 재무제표는 어디까지나 과거의 데이터이며 미래를 보장하지 않는다. 게다가 내 투자 스타일은 시장에서 이미 검증된 기업이 외부 변수로 조정을 받을 때 비중을 늘리는 방식이기에, 복잡한 재무 분석보다는 핵심만 빠르게 확인하는 편이다.

손익계산서에서는 두 가지 항목 위주로 본다. 첫째, 매출이 상승하는가. 둘째, 이익이 상승하는가.

앞 그림의 손익계산서를 보면 2023년부터 2025년까지 매출(검은색 막대, ❶)이 꾸준히 증가하고 있다. 이익은 여러 이유로 감소할 수 있지만, 매출이 지속적으로 감소한다면 추가 매수를 중단하거나 비중을 줄이는 판단을 한다.

현금흐름표에서는 두 가지를 확인한다. 먼저 영업활동 현금흐름(㉠)이 플러스(+)인지 본다. 기업이 본업에서 돈을 잘 벌고 있는가를 확인하는 것이다. 그다음 투자활동 현금흐름(㉡)이 지속적으로 마이너스(-)인지 확인한다. 기업이 성장을 위한 투자를 꾸준히 하고 있는지 보는 것이다. 그림을 보면 영업활동 현금흐름은 안정적으로 플러스를 유지하고 있고, 투자활동 현금흐름은 마이너스를 기록하며 적극적인 투자가 이루어지고 있음을 알 수 있다.

개인투자자들은 이 정도만 확인해도 기업의 건강도와 성장 가능성을 판단하는 데 충분하다고 생각한다.

뉴스에서 종목을 포착하는 법

앞서 기업 분석의 기본을 이야기했다. 하지만 아무리 분석 방법을 알아도, 정작 '어떤 기업을 분석해야 하는지' 모른다면 소용이 없다. 수천 개가 넘는 상장 기업 중에서 내가 투자할 만한 종목을 어떻게 찾아낼 것인가?

많은 투자자들이 유튜브 추천 종목이나 증권사 리포트에 의존한다. 물론 나쁜 방법은 아니다. 하지만 그렇게 발굴한 종목은 결국 '남의 확신'일 뿐이다. 내가 왜 이 종목을 보유하고 있는지 스스로 설명하지 못한다면, 주가가 조금만 하락해도 불안해지고 금세 팔아버리게 된다.

진짜 투자 실력은 스스로 종목을 발굴하는 능력에서 나온다. 그래야 확신을 가지고 보유할 수 있고, 변동성 속에서도 흔들리지 않을 수 있다.

그렇다면 어디서 종목 발굴의 실마리를 찾아야 할까? 답은 의외로 가까운 곳에 있다. 바로 우리가 매일 접하는 뉴스다.

: 정보의 홍수 속에서 길을 찾아라

내가 처음 주식투자를 시작했던 시절과 비교하면, 지금은 원하는 정보를 얼마든지 얻을 수 있는 환경이 조성되어 있다. 특히 유튜브가 대중화되면서 특정 분야에서는 전문가들보다 더 깊이 있는 통찰을 보여주는 개인들의 정보를 무료로 접할 수 있게 됐다.

하지만 역설적이게도, 너무 많은 정보의 홍수 속에서 무분별하게 정보를 받아들이면 오히려 길을 잃게 된다. 최근에는 조회수가 곧 수익으로 연결되다 보니, 자극적인 썸네일과 가짜 정보로 사람들을 현혹하는 콘텐츠가 넘쳐난다. '이것만 하면 돈을 벌 수 있다'는 식의 과장된 메시지, '나만 빼고 다들 돈을 잘 번다'는 식의 조급함을 부추기는 유혹이 도저에 깔려 있다.

정보가 없을 때는 없어서 힘들고, 있을 때는 너무 많아서 힘든 세상이 된 것이다. 그럴수록 지금 시대에 무엇보다 중요한 것은 자신만의 확고한 투자 원칙이다.

원칙은 하루아침에 만들어지지 않는다. 수많은 종목을 보유해보고 다시 줄여보는 과정을 거쳐야 한다. 알짜 기업을 버리는 실수도 해보고, 예상치 못한 폭락도 맞아보고, 과분한 상승의 수익도 거둬보는 경험이 쌓여야 비로소 자신만의 원칙이 생긴다.

그래서 나는 항상 투자자들에게 반드시 매매 경험을 많이 쌓으라고 이야기한다. 이런 과정을 거치면 단기 급등주나 과장된 정보에 휘둘리지 않고 시대의 변화에 더 집중하게 되며, 그 변화를 투자로 이어갈 수 있게 된다.

: 편집된 영상이 아닌 전체 맥락을 읽어라

요즘 사람들 상당수가 뉴스를 보지 않는다. 정확히 말하면 정통 매체(기성 언론)가 생산하는 뉴스에는 더 이상 눈길을 주지 않는다. 그 대신 유튜브에서 하이라이트만 편집한 짧은 영상을 본다. 그런데 이런 영상에는 어떤 상황이 만들어지는 과정이나 설명이 생략된 채, 자극적인 내용이 주로 담겨 있다.

특정 정치적 성향을 띤 영상들의 댓글창을 보면, 특정 집단에 대한 맹목적인 비난이나 적대적인 감정으로 가득 차 있는 경우가 많다. 이렇듯 자극적으로 편집된 영상에만 매몰되면 정작 중요한 본질은 시야에서 사라지고 만다. 뉴스의 이면에 숨겨진 의도는 무엇인지, 다른 국가들은 어떻게 대응하고 있으며, 시장과 기업들은 어떤 반응을 보이는지 등 입체적인 맥락을 전혀 파악하지 못하게 되는 것이다.

하지만 제대로 된 뉴스를 전체적으로 훑어보면 완전히 다른 그림이 그려진다. 단순히 양국 간의 감정적인 갈등을 넘어, 이 문제가 발생하게 된 근본적인 원인과 과거의 유사 사례, 그리고 제3국들의 기민한 대응 전략까지 한눈에 들어온다.

더 나아가 이러한 정치적 갈등이 개별 기업들에 어떤 영향을 미치는지, 그리고 기업들은 생존을 위해 어떤 자구책을 마련하고 있는지까지 파악할 수 있게 된다.

이 과정은 지루할 수 있지만, 전체를 봐야 사건의 본질을 파악할 수 있고, 이렇게 본 뉴스가 진짜 정보가 된다. 누군가는 말한다. "뉴스로 보도되는 순간 다 아는 소식이 되는데, 그게 무슨 정보냐. 주가에 이미 반영되어 쓸모가 없다. 괜히 고점에 들어가서 고생만 한다"라고 말이다. 그러나 그들이 말하는 뉴스나 정보란 특정 기업의 실적이나 주가 상승 같은 소식이다.

내가 말하는 뉴스는 단편적인 사건의 나열이 아니다. 그것은 산업의 패러다임이 뒤바뀌는 신호이자, 시대의 흐름이 변화하는 조짐이다.

예를 들어, 나는 수년 전 엔비디아 주식을 매매하면서, 단순히 '엔비디아의 주가가 오르니 사야겠다'는 1차원적인 접근을 하지 않았다. 왜 엔비디아의 주가가 상상을 초월하는 수준까지 치솟을 수 있는지, 그 본질적인 동력은 무엇인지를 집요하게 파고들었다. 당시 내가 엔비디아를 매수할 수 있었던 원동력은 IT 전문 매체의 심층 분석에 몰입하며 얻은 거시적 통찰 덕분이었다.

기존 CPU가 주도하던 시대가 저물고 왜 GPU가 세상을 지배할 수밖에 없는지, 가상자산 시장의 팽창이 어느 정도의 폭발적인 수요를 불러일으킬 것인지 등 전문가들이 그려내는 미래의 청사진에 주목했다. 물론 이러한 방식은 때로 시대보다 앞서 나간 탓에 혹독한 인고의 시간을 요구하기도 한다. 하지만 그 기다림의 끝에는 상상조차 못한 압도적인 수익이라는 보상이 기다리고 있었다.

무엇보다 이 과정은 나를 투자에 깊숙이 침잠하게 만들었다. 이제 나는 치열한 고민과 상상을 실제 수익으로 연결하는 그 일련의 과정을 진심으로 즐기게 되었다.

앞서 언급했듯이, 나는 기업의 실적 뉴스보다 증설, 해외 진출, 신규고객 확보 등의 뉴스에 집중한다. 이런 뉴스들이 왜 중요한지 좀 더 자세히 설명해보겠다.

기업이 증설을 결정한다는 것은 단순한 일이 아니다. 막대한 자본지출(Capex)을 수반하는 전략적 승부수인 것이다.

특히 반도체나 디스플레이 같은 자본집약적 산업에서 증설은 회사의 운명을 좌우한다. 팹(Fab)하나를 짓는 데 수조 원에서 수십조 원의 비용이 발생한다. 수년간 벌어들인 돈 전부를 걸고 베팅을 하는 것이다.

그렇기에 잘못된 증설 타이밍은 회사를 위기로 몰아넣을 수 있다. 너무 늦은 증설은 경쟁사에게 물량을 빼앗기고 가격 경쟁력에서 밀리는 결과를 초래하게 된다. 반대로 수요 대비 너무 이르거나 많은 증설은 고정비 부담을 키워 수익성을 낮추는 최악의 판단이 된다.

해외 진출도 마찬가지다. 낯선 땅에서 공장을 짓고 현지 인력을 채용하며 물류 시스템을 구축하는 것은 엄청난 리스크를 동반한다. 그럼에도 기업이 해외 진출을 결정한다는 것은 그만큼 확실한 수요를 확인했다는 의미다.

신규 고객 확보, 특히 B2B 비즈니스에서의 수주 뉴스는 기업의 체급이 바뀌는 결정적인 소식이다. 대형 고객사와의 파트너십은 단순히 일회성 매출을 넘어, 향후 수년간의 안정적인 현금 흐름을 확보했다는 강력한 신호이기 때문이다.

예를 들어 애플, 삼성전자, 마이크로소프트와 같은 글로벌 빅테크 기업을 고객사로 맞이했다는 소식은 그 자체로 해당 기업의 기술력과 품질이 세계 최고 수준으로 검증되었음을 의미한다. 까다로운 검증 절차를 통과했다는 사실만으로도 시장에서의 신뢰도는 수직 상승한다.

이러한 뉴스는 단순한 호재를 넘어, 기업이 내부적으로 확신한 미래 전망을 시장에 간접적으로 드러내는 힌트가 될 수 있다. 이는 개인투자자가 도저히 접근할 수 없는 산업 내부의 정보와 치밀한 시장 분석을 거쳐 내린 의사결정의 결과물이다. 따라서 이런 신호들을 주의 깊게 관찰하고 해석할 줄 안다면, 남들보다 한발 앞서 결정적인 투자 기회를 거머쥘 수 있다.

: 호기심이 투자 기회를 만든다

나는 투자를 본격적으로 시작한 이후로 이런저런 사색하는 것을 즐기는 습관이 생겼다. 특히 TV나 뉴스, 유튜브 등 매체를 통해 접한 정보가 있다면, 그것이 사실인지 반드시 스스로 검토하고 검증하는 과정을 거친다.

어느 날 마이크로소프트 빌 게이츠 회장이 미국 전역의 농지를 대규모로 사들이고 있다는 뉴스를 접했다. 그 뉴스는 돈이 많은 억만장자가 농지까지 사들여 땅장사를 하려 한다는 비아냥 섞인 보도였지만, 나는 호기심이 발동했다. 왜 저 억만장자가 굳이 농지를 사들이는 걸까?

나는 곧바로 탐색에 들어갔다. 놀랍게도 예상보다 많은 사람들이 농지에 관심을 보이고 있었다. 그들의 논리는 기후 위기로 인한 농산물 가격 상승과, 인류의 문명이 아무리 고도화돼도 농업이야말로 대체될 수 없는 지속 가능한 산업이라는 데 있었다.

그럴듯한 이야기였다. 최근 뉴스를 도배한 유례없는 홍수와 가뭄, 태풍 등의 소식들이 머릿속을 스쳐 지나가며 관심은 확신으로 변해갔다. 기술이 아무리 발전해도 인간의 가장 원초적인 욕구가 바로 먹거리 영역에 있기에, 앞으로 농산물 가격 상승은 불 보듯 뻔해 보였다.

하지만 더 깊이 파고들자 예상치 못한 사실이 드러났다. 그토록 완벽해 보이던 논리에도 불구하고, 정작 농산물에 뛰어든 투자자 중 상당수가 막대한 손실을 입고 시장을 떠났다는 것이다.

무엇이 문제였을까? 우선 농산물 투자는 주식처럼 일부 품목에 투자하기 어렵고 대부분 선물 투자였다. ETF로 상장된 상품도 있었지만, 여러 농산물 지수를 복잡하게 추종하는 구조였고, 그 가격이 한없이 하락하고 있었다.

참으로 아이러니한 대목이었다. 우리가 소비하는 식품 가격은 끊임없이 오르는데, 정작 농산물 원자재 가격은 제자리걸음이거나 하락하고 있었다니.

더 공부해보니 그 이유를 알 수 있었다. 농산물은 금이나 부동산과 달리 기술 발달로 수확량이 매년 증가 추세였다. 농기계의 발달, 농약과 비료의 개선, 재배 기술의 혁신까지. 기술 개발이 오히려 농산물 투자에는 역풍이 되는 현상이 벌어지고 있었던 것이다.

참으로 값진 경험이었다. 겉보기에 아무리 완벽한 논리일지라도, 공급의 메커니즘과 기술의 변수를 간과하면 얼마나 위험할 수 있는지 깨달은 순간이었다.

하지만 그 후 지정학적 리스크와 거대 가뭄 등 여러 현상과 맞물리며 꿈쩍도 하지 않던 농산물 ETF가 움직이기 시작했다. 한 번 방향을 바꾸자 가격은 꾸준히 올랐고, 2025년 말 글을 쓰는 이 시점에는 해당 ETF의 주가가 2배 이상 상승해 있다.

아마도 빌 게이츠 같은 사람들은 더 이상의 기술 개발로도 생산량 증대에 한계가 있다는 것을 간파했거나, 우리가 생각하는 것보다 기후 위기가 앞으로 더 큰 문제가 되리라 판단한 것 같다. 그와 더불어 최근의 가파른 자산 인플레이션을 예견하고, 농산물 가격뿐 아니라 농지 자체의 가치 상승까지 염두에 둔 투자였는지도 모른다.

나는 농산물 가격 자체는 각국 정부의 강한 통제로 폭등하기 어렵다고 본다. 하지만 금 가격이 오르듯 농지 가격도 인플레이션을 반영해 상승한다는 사실에는 적극 공감한다.

이런 아이디어를 바탕으로 나는 미국에 농지를 많이 소유한 기업들을 탐색하고 있다. 현재 주가는 처참한 수준이다. 하지만 움직임을 주시하면서 기회를 엿보고 있다.

이렇게 짧은 뉴스 하나에 대한 호기심으로 여기까지 왔다. 나는 이런 과정을 즐기고 재미있게 생각한다. 그리고 이런 과정의 마무리가 수익으로 이어지면 말할 수 없는 행복감을 느낀다.

여러분도 소위 말하는 '엄청난 비밀 정보'나 '대단한 전문가'의 권위에 눈이 멀어 그들의 말을 맹신하지 않았으면 한다. 그 대신 순수한 호기심을 잃지 말기를 바란다. 사소한 의문이라도 생기면 즉시 파고들어 그 실체를 직접 확인하고 답을 찾아내야 한다.

스스로 종목을 발굴하고, 그 종목을 오래 끌고 가려면, 그 종목에 대한 확신이 필요하다. 그리고 그 확신은 타인의 추천이 아니라, 내가 그 기업을 성의 있게 고찰하고 산업 패러다임의 거대한 물줄기를 직접 체감했을 때 비로소 싹트는 법이다.

세상에 점점 더 많이
필요한 것은 무엇인가

: AI 시대가 가져온 확신

나의 반도체 투자는 AI 시대의 개막과 함께 한층 더 확고한 신념으로 자리 잡았다. 챗GPT의 등장 이후, 인류가 생성하고 소비할 데이터의 양이 기하급수적으로 늘어날 것이라는 사실은 이제 거스를 수 없는 상식이 되었기 때문이다.

사람들의 일상적인 SNS 활동부터 기업들의 인공지능 연산까지, 우리 삶의 모든 곳에 이제 반도체는 필수다. 그리하여 더 많은 HBM, GPU, eSSD가 필요하다. 더 미세한 공정과 더 큰 파운드리 공장, 그리고 이를 가능하게 할 정밀 장비와 소재부품은 끊임없이 요구된다. 지금 우리는 한 산업의 호황을 목격하는 것이 아니라, 반도체라는 생태계 자체가 새로운 차원으로 진화하는 시대적 변곡점에 서 있는 것이다.

이러한 확신을 바탕으로 나는 반도체 섹터에 높은 비중을 실어 투자할 수 있었다. 산업 전체의 장기적인 성장에 베팅하기 위해 SOXX ETF에 투자했고, GPU 시장에서 독보적 지위를 차지한 엔비디아에 투자했으며, 정부 지원을 받게 될 마이크론과 파운드리 시장 1위의 압도적 지배력을 가진 TSMC를 포트폴리오에 추가했다. 그리고 이들을 꾸준히 보유하며 상당한 수익을 거둘 수 있었다.

나는 앞으로 어떤 반도체 기업이 가장 크게 성장할지 알지 못한다. 강력한 경쟁자가 나타나 엔비디아나 TSMC의 지위가 흔들릴 수도 있다. 하지만 반도체 산업 자체의 성장만큼은 확신한다. 그래서 ETF에 높은 비중을 두고, 개별 종목은 상대적으로 낮은 비중으로 유지하며, 급등 시에는 비중을 조절하는 방식으로 대응하고 있다.

여러분도 반도체의 미래를 진지하게 그려본다면, 포트폴리오에 반도체가 없는 실수는 하지 않을 것이다.

나는 반도체의 미래를 확신하고 투자하고 있다. 그중에서 개별 종목 하나를 고르라고 한다면 TSMC를 꼽을 것이다. 왜냐하면, 반도체를 생산하는 거의 모든 기업이 TSMC 파운드리를 이용하기 때문이다.

최근 엔비디아의 범용 GPU보다 구글의 TPU가 AI 연산에 더 최적화되어 있다는 뉴스가 연일 보도되었고, 그로 인해 엔비디아의 주가도 출렁였다. TPU는 가격도 저렴하고 발열도 적어 엔비디아 칩을 대체할 수 있다는 게 시장의 판단이었다.

엔비디아의 독주가 영원할 줄 알았던 시장은 구글의 등장으로 새로운 국면을 맞았다. 이러한 뉴스가 연일 방송과 유튜브에 보도되자 개인투자자들은 정신없이 구글 주식을 사들였고, 2025년 말경 구글의 주가는 신고가를 경신했다.

이렇게 되면 엔비디아 투자자들은 울상이 되고 구글 투자자는 웃게 된다. 투자의 세계에서는 강력한 경쟁자가 등장하거나 패러다임의 전환 한 번으로도 언제든 수익을 다 반납하거나 손실을 볼 수 있다. 한때 철석같이 믿었던 기업조차 살아남지 못하는 결과로 이어지기도 한다. 지금 승리의 미소를 짓고 있는 구글도 안심할 수 없다. 또 다른 경쟁자가 언제 나타날지 모르기 때문이다.

그래서 나는 어떤 기업이 새롭게 등장하고 어떤 기업이 도태되든 상관없이, 반도체 산업이 존재하는 한 반드시 살아남을 수밖에 없는 기업을 선택하라고 말하고 싶다.

그 기업이 바로 TSMC다. 엔비디아가 독주를 펼치든, 구글이 엔비디아를 넘어서든 상관없다. 누가 이기든 그들이 원하는 반도체는 TSMC가 생산한다. 오히려 시장에 여러 경쟁자가 등장하면 TSMC의 몸값은 더 높아진다. 서로 자신의 칩을 먼저 생산해달라고 요청하기 때문이다.

TSMC는 전 세계 파운드리 시장의 약 60~70%를 점유하고 있는 사실상의 독점 기업이다. 미국 관세 부과 이슈로 시장이 요동칠 때, 이를 우려하는 투자자들에게 TSMC 경영진은 인터뷰를 통해 이렇게 답했다고 한다. "우리는 관세가 오른 만큼 가격을 올리면 그만이다." 그야말로 대체 불가능한 '슈퍼 을'의 면모를 가감 없이 드러낸 것이다.

우리에게는 이런 슈퍼 을인 기업을 아주 오래 끌고 가는 전략이 필요하다. 이런 기업들이 위기 시에도 나의 계좌를 든든히 지켜준다. 그래서 나는 TSMC에 장기투자하고 있다.

투자는 기업의 기술력과 실적만으로 결정되지 않는다. 국제 정세와 정치적 상황까지 종합적으로 고려해야 더 큰 수익을 얻을 수 있다. 정부 정책과 국가 간 역학관계를 주의 깊게 관찰해야 하는 이유다.

사람들과 대화하며 놀라운 사실을 알아차린 적이 있다. 대부분의 사람들이 종목을 선택할 때 자신의 판단이 아닌 유튜브에서 본 추천 종목을 따른다는 것이었다.

물론 그렇게 시작할 수는 있다. 하지만 반드시 그 종목에 대한 자신만의 확신을 만드는 과정을 거쳐야 한다. 그렇지 않으면 좋은 종목을 골랐더라도 제대로 된 수익을 내지 못하거나 손실로 끝날 확률이 높다.

내 주변에는 엔비디아를 열풍의 한가운데서 매수했다가 마이너스 30%에 손절한 지인이 있다. 지금 생각해도 도무지 이해가 되지 않는다. 가만히 보유하기만 했어도 막대한 수익이 났을 기업을, 연일 역사적 신고가를 경신하며 이제는 '손실을 본 사람을 찾기 더 힘든' 그 엔비디아를 확정 손실로 마무리했다는 사실이 말이다.

이것이 바로 타인의 확신에 기대어 종목을 선택했을 때의 결과다. 하락장이 오면 그 확신이 빌려온 껍데기에 불과하다는 사실을 깨닫고, 두려움에 시장을 도망치게 되는 것이다.

그러므로 종목을 발굴하고 내 포트폴리오에 담을 때는 다음과 같은 단계를 거쳐야 한다.

- 첫째, 세상의 흐름을 읽어라.

  뉴스를 보고 어떤 산업이나 섹터가 성장할지 예측해본다.

- 둘째, 스스로 공부하라.

  확신이 생기면 그 섹터와 산업에 대해 다시 한 번 깊이 있게 공부한다.

- 셋째, 종목을 발굴하라.

  확신이 두터워지면 해당 섹터의 종목을 직접 찾아본다.

- 넷째, 경험을 쌓아라.

  투자 후 성과를 내는 경험을 반복한다.

이러한 과정은 처음엔 낯설고 어렵겠지만, 반복할수록 점점 수월해질 것이다.

투자는 단순히 숫자를 좇아 돈을 버는 행위가 아니다. 세상의 변화를 읽어내고, 미래를 예측하며, 그 확신을 바탕으로 행동하는 종합적인 과정이다.

정보가 범람하는 시대일수록 우리는 자신만의 원칙이라는 필터를 가져야 한다. 뉴스의 이면에 숨겨진 의미를 꿰뚫고, 정부의 정책 방향과 복잡한 국제 정세까지 하나의 맥락으로 연결하는 입체적인 사고의 힘을 길러야 한다.

그리고 무엇보다 중요한 것은 스스로 확신을 만들고 그 확신을 믿는 용기다.

물론 이 길은 쉽지 않다. 그러나 이 지난한 과정을 거친 사람만이 단기적인 시장의 소음을 이겨낼 수 있다. 그리고 그때 비로소 우리는 시대가 선사하는 성장의 과실을 온전히 누리는 진정한 투자자로 거듭날 수 있다.

10배 수익 나는 종목 찾는 법

: 희토류 기업에 투자해 두 달 만에 200% 수익을 낸 비결

이 책을 집필하고 있는 지금, 2025년의 가장 생생한 투자 사례를 통해 내가 종목을 발굴해온 구체적인 과정을 공유하고자 한다. 이 기록이 여러분에게도 단순한 정보 전달을 넘어, 자신만의 보석 같은 종목을 찾아내고 결실을 거두는 확실한 계기가 되기를 진심으로 바란다.

투자자로서 표현하기 힘든 묘한 기분이 드는 순간이 있다. 내가 발굴하여 이미 수백 퍼센트의 수익을 내고 있는 종목에 대해 유튜브나 뉴스에서 뒤늦게 떠들기 시작할 때다. 그때 비로소 내가 선택한 섹터나 종목이 틀리지 않았다는 확신이 든다. 그리고 앞으로 더 큰 상승이 있을 것이며, '텐배거(10배 수익)'를 안겨줄 종목을 다시 한 번 만날 수 있다는 기대감이 생긴다. 이런 성취감을 여러분도 꼭 경험해보면 좋겠다.

나는 오래전부터 희토류에 관심이 많았다. 해외 투자를 시작한 초창기, 중국 희토류 기업이 내 포트폴리오의 첫 종목 중 하나였다. 당시에도 미국과 중국은 으르렁대고 있었고, 희토류 수출 제한 뉴스가 연일 나오던 시절이었다. '희토류 없이는 LCD 패널 한 장도 만들 수 없다'는 기사가 화제였다. LG디스플레이에 재직하던 시절이라 더욱 관심 있게 봤다.

그 후 대립하던 미국과 중국은 언제 그랬냐는 듯 관계 회복에 나섰고, 희토류 관련 주식은 급등한 후 제자리로 돌아갔다. 당시 초보투자자였던 나는 원금 손실이 두려워 작은 수익에 만족하고 전량을 매도해버렸다.

세월은 흘러 어느덧 2025년, 역사는 반복되듯 미국과 중국은 다시금 정면충돌했다. 중국은 사실상 유일한 대응 카드인 '희토류 수출 금지' 조치를 꺼내 들었지만, 시장은 무덤덤했다. 이미 예상된 수순이었기 때문이다.

그런데 일부에서 이전과는 다른 시각이 나오기 시작했다. 주식 투자자들 사이에서 가장 조심스러운 표현인 '이번엔 다르다'라는 관점이었다. 그 근거는 이제는 AI 산업의 폭발적 팽창, 전기차의 대중화, 항공우주 산업의 급성장이라는 거대한 실체가 뒷받침되고 있다는 것이었다.

과거에도 희토류는 중요했지만, 이제는 상황이 완전히 달랐다. 폭발적으로 증가한 반도체 수요부터, 전기차, 스마트폰, 친환경 발전, 심지어 최첨단 미사일과 핵잠수함에 이르기까지 현대 기술 문명의 정점에 희토류가 있었다. 특히 미중 패권 경쟁의 승부처인 AI 인프라와 전력망, 국방 산업 등이 모두 이 작은 광물인 희토류 없이는 불가능했다. 중국이 희토류 수출을 중단한다면 미국은 속수무책인 것이다.

그렇다면 의문이 생긴다. 미국이 직접 희토류를 생산하면 되지 않을까? 사실 희토류는 지구상에 일부 지역에만 희귀하게 매장된 광물이 아니다. 중국이 전 세계 매장량을 독점하고 있는 것도 아니다. 미국 역시 충분한 매장량을 보유하고 있는데, 다만 환경 문제로 채굴을 중단했을 뿐이다. 하지만 진짜 문제는 따로 있었다. 바로 정제 기술이다.

희토류를 땅에서 채굴하는 것과 이를 산업에 활용할 수 있도록 정제하는 것은 완전히 다른 영역이다. 현재 미국은 희토류 정제 기술을 사실상 보유하고 있지 않다.

더욱 놀라운 사실은 이 정제 기술을 최초로 개발한 나라가 바로 미국이라는 점이다. 20세기 후반, 미국은 심각한 환경오염과 화학 처리 부담 때문에 스스로 이 핵심 기술을 중국에 넘겨주는 실수를 저질렀다.

원래 희토류 정제 기술은 GM 산하의 마그네퀸치(Magnequench) 라는 부품 회사가 보유하고 있었다. 당시 미국 정부도 희토류의 중 요성을 인식하고 있었지만, 클린턴 행정부가 중국을 세계 경제 체 제로 끌어들이는 포용정책을 펴고 있던 시기였다. 게다가 GM 역 시 수익성이 낮고 환경오염을 일으키는 사업부를 정리하려던 참 이었다. 이런 상황들이 겹치면서 핵심 기술이 중국으로 넘어가게 됐고, 전문가들의 경고는 묵살됐다.

그로부터 수십 년이 지난 지금, 중국은 희토류 정제 기술에서 독보적인 1위를 달리고 있다. 만약 당시의 미국이 미래를 조금이 라도 내다봤다면, 이런 국가 안보급 기술을 중국에 넘겨주는 일은 결코 없었을 것이다. 하지만 이미 희토류 패권은 중국으로 넘어갔 고, 이제 와서 중국에만 의존하기에는 미국으로서도 리스크가 너 무 큰 상황이 됐다.

나는 이러한 일련의 흐름을 접하며 확신했다. 이제 희토류는 미 국의 전략 자산이 될 것이며, 수익성을 떠나 무조건적인 투자가 일어날 것이라고 말이다.

그 확신을 바탕으로 나는 종목 발굴에 돌입했다. 비록 아직은 미약할지라도 미국 내에 확실한 산업 기반을 갖추고 있거나, 적어도 중국에 의존하지 않고 독자적인 길을 가고 있는 해외 기업들이 타깃이었다. 영세한 기업부터 당장 투자가 가능한 우량 기업, 심지어 아직 시장에 입성하지 않은 비상장 기업까지 수십 개의 리스트를 샅샅이 검토하고 분석했다.

새벽까지 이어진 종목 발굴을 마친 후, 내가 최종 선택한 종목은 다음 세 가지였다.

- MP Materials (MP_미국 상장)

- USA Rare Earth (USAR_미국 상장)

- 북방희토 (600111_중국 상하이 상장)

이 세 종목은 2025년 현재 내 계좌에서 100%에서 200% 이상의 수익을 기록 중이다. 이미 상승 과정에서 투자 원금을 모두 회수하는 전략을 마쳤으므로, 앞으로 원금 손실에 대한 부담 없이 오랫동안 보유해볼 계획이다.

희토류에 관한 지식은 사실 누구나 알 만한 정보였다. 하지만 이 정보가 패권 전쟁이라는 상황과 맞물리면서, 시장은 이전과는 다른 반응을 보이기 시작했다.

앞으로 미국과 중국이 예전과 같은 화해 모드로 돌아가기는 어려울 것이다. 실제로 미국은 희토류 기업에 대한 투자를 늘리고 각종 환경 규제를 완화하는 등 과거와는 확연히 다른 행보를 보이고 있다.

트럼프 행정부는 USA Rare Earth(USAR)에 16억 달러, MP Materials(MP)에 4억 달러라는 천문학적인 자금을 투입하며 각각 10%와 7.5%의 지분을 직접 취득했다. 이는 미국 정부가 해당 산업을 전략 산업으로 육성하겠다는 공식 선언이나 다름없다.

이러한 전례 없는 변화를 보며 나는 확신했다. 설령 예기치 못한 악재로 시장이 흔들리고 조정이 찾아온다면, 나는 이들 기업의 비중을 더 늘려갈 생각이다.

패권 전쟁이나 산업의 변화를 그저 관망만 해서는 안 된다. 이런 변화를 감지했다면 반드시 그로 인해 수혜를 받을 기업이 어디인지 찾아보는 습관을 길러야 한다.

처음에는 실수도 하고 틀리기도 하며, 손실을 보고 한동안 고생할 수도 있다. 하지만 이런 과정이 반복되면서 어느 순간 투자가 맞아떨어지기 시작하면, 몇십 퍼센트가 아닌 수백 퍼센트의 수익을 경험하게 된다.

주식투자는 하방은 제한되어 있고 상방은 열려 있는 구조다. 투자로 잃을 수 있는 최대 손실은 100%지만, 수익은 무한대다. 수십 퍼센트부터 수천 퍼센트까지 가능하다. 다섯 번 틀려도 단 한 번의 올바른 선택만으로 모든 손실을 복구하고도 남을 만큼 큰 수익을 가질 수 있는 시장이다.

그러니 종목을 찾아 헤매지 말고, 뉴스를 보고 세상의 변화를 감지했다면 그것을 투자로 연결하는 연습을 해보길 바란다.

: 시대의 변화를 읽으면 10배 종목이 보인다

주식투자자의 꿈은 텐배거, 즉 10배 오를 주식을 고르는 것이다. 수백 퍼센트 수익은 이제 놀라운 경험이 아니지만, 10배 종목을 선택하고 끝까지 보유하는 것은 여전히 쉽지 않은 일이다. 해당 종목에 대한 확신과 시대적 상황이 절묘하게 맞아떨어져야 가능한 일이기 때문이다. 정치적 이슈까지 돕거나 적어도 방해하지는 말아야 가능한, 꿈같은 성과다.

나는 지금 그런 과정에 있다고 확신하는 종목을 보유하고 있다. 그 발굴 과정과 이유를 공개하여, 향후 독자 여러분이 이 확신의 증인이 돼주길 바란다.

AI가 연일 시장의 화두로 떠오르던 어느 날이었다. 세계적인 CEO 일론 머스크를 비롯해 내가 수년간 신뢰하며 통찰을 나누어온 시장의 구루들, 그리고 개인 자산운용사 대표들까지, 오랫동안 실력을 입증해온 이들이 약속이라도 한 듯 가리키는 미래 산업이 있었다. 바로 전력망이었다.

하지만 한국 시장 투자에 소극적이었던 나는 한동안 이 흐름을 관망만 하고 있었다. 그러다 우연히 한국의 전력 인프라 관련주들의 지표를 보고 놀랄 수밖에 없었다. 구시대의 유물이라 여겼던 변압기 관련 주식들이 하늘을 뚫을 듯한 기세로 폭등하고 있었기 때문이다. 이와 함께 전력 부족 문제를 해결할 열쇠로 다시 부각되기 시작한 산업이 바로 원전이었다.

다만 당시 원전은 국내외의 부정적인 시각 탓에 여전히 주춤거리는 모양새였다. 게다가 국내 제조업의 성장성에 의구심을 갖고 있었던 나는, 더 확실한 기회를 찾기 위해 해외 원전 기업들로 눈을 돌렸다.

그런데 구시대 산업이라 치부하며 무관심했던 나를 비웃기라도 하듯, 원전 관련주들은 광기에 가까운 폭등을 기록하고 있었다. 미국의 대표적인 원전 종목들은 적게는 5배에서 많게는 20배까지 치솟은 상태였다.

그 숫자를 마주하는 순간 절로 탄식이 흘러나왔다. 내가 낡은 산업이라는 편견에 사로잡혀 시대적 흐름을 너무 쉽게 간과했구나, 하는 후회가 밀려왔다.

그때 내 오기가 발동했다. '1등주가 먼저 갔으니 2등, 3등을 찾거나, 반도체 투자 때 성공했던 경험을 살려 청바지를 만드는 기업을 찾으면 돼. 아니면 소모품을 공급하는 알짜 기업이 있을 거야.'

이런 생각으로 원전 소재·부품·장비주를 샅샅이 뒤지기 시작했다. 수많은 기업 중 내 흥미를 끈 것은 SMR(소형모듈원전) 관련 기업들이었다. 앞으로 거대한 부지와 천문학적 자금, 사회적 합의가 필요한 대형 원전을 새로 건설하는 것은 사실상 불가능에 가깝기에, SMR이야말로 거스를 수 없는 확실한 미래로 보였다.

하지만 당시 시장의 주류는 여전히 대형 원전 중심의 기업들이었고, SMR 분야에서는 압도적인 강자가 보이지 않았다. 심지어 마이크로소프트와 같은 거대 빅테크 기업까지 직접 SMR 사업에 뛰어든다는 소식이 들려올 정도였다.

'그래, SMR을 개발하는 기업이 원전 시장을 장악하겠구나.'

공부에 박차를 가했지만, 상황은 생각보다 복잡했다. 이미 시장에 관련주로 이름을 올린 기업만 26개가 넘었고, 실제 프로젝트를 진행 중이거나 구체적인 계획을 세운 업체, 혹은 막연한 관심을 표하는 곳까지 합치면 그 수는 수백 개에 달했다. 하지만 그 속에서도 시장을 압도할 명확한 리더나 독보적인 기술력을 증명해낸 기업은 좀처럼 눈에 띄지 않았다. 게다가 비상장 기업이 너무 많았다.

그렇게 헤매던 중 눈에 들어온 기업이 바로 센트러스에너지(LEU)다. 이 기업의 비즈니스 모델을 확인하는 순간, 원전 산업 발전의 청바지 기업이 될 것이라는 확신이 들었다.

보통 원전을 가동하기 위해서는 농축 우라늄이 필수적이다. 미국은 이 우라늄에 대한 공급을 철저하게 통제하고 있는데, 미국 정부의 승인을 받아 상장된 유일한 기업이 바로 센트러스에너지다.

그런데 시장의 반응이 이상했다. 원전 관련주들이 적게는 수 배에서 많게는 수십 배씩 폭등하는 속에서도, 정작 연료를 공급하는 이 기업의 주가는 지지부진했다. 원전 산업의 핵심 소재를 꼽으라면 누구라도 가장 먼저 우라늄을 떠올릴 텐데, 시장이 이를 놓치고 있다는 말인가?

의구심을 떨칠 수 없어 더 깊이 파고들었고, 그 답을 찾았다. 단서는 바로 LEU라는 기업 티커에 있었다. LEU는 Low Enriched Uranium의 약자다. 기업 티커가 대놓고 '우리는 고농축이 아닌 저농축 우라늄 회사'라고 알려주고 있었던 것이다.

여기까지 읽고도 무슨 소리인지 도무지 감이 잡히지 않는다면, 지극히 정상이다. 생소한 분야이니 조금만 더 집중해서 들어보자. 우라늄은 고농축과 저농축으로 나뉜다. 우리가 흔히 아는 원자력 발전소나 핵무기에는 고농축 우라늄이 사용된다. 저농축 우라늄은 경수로, 의료용 동위원소 생산, 차세대 원자로(HALEU 기반 설계) 등에 사용된다. 핵심은 이것이다. 향후 원자력 발전의 대세가 될 SMR에는 고순도의 저농축 우라늄이 필요한 것이다.

그렇다면 향후 SMR 개발이 완료되고 시장의 주류로 자리 잡는 순간, 사실상 독점적 지위를 거머쥔 센트러스에너지의 기업 가치는 폭발적으로 치솟을 것이라는 확신이 들었다.

나는 망설임 없이 LEU에 투자했고, 그 결과 불과 6개월여 만에 400% 이상의 수익을 냈다. 앞으로도 10배 이상의 수익을 줄 것이라 보며 투자를 이어가고 있다.

하지만 모든 투자에는 반드시 리스크가 따른다. 원금 손실을 극도로 경계하는 나는 아무리 확신이 깊은 종목이라도 수익률이 200%에 도달하는 구간에서는 반드시 투자 원금을 회수하는 원칙을 고수한다. 그 덕분에 현재 내 계좌에 남은 자산은 오롯이 시장이 준 수익금으로만 이루어져 있다. 리스크라는 짐을 내려놓고 먼 길을 갈 준비를 마친 상태인 것이다.

이렇게 심리적으로 우위를 점해야만 수익률 10배라는 목표를 향해 끝까지 갈 수 있다. 투자 비중이 줄어 수익금이 조금 낮아지는 아쉬움보다, 원금 손실에 대한 두려움 때문에 좋은 기업을 중간에 놓쳐버리는 것이 훨씬 더 어리석은 실책이라는 것을 나는 수많은 경험을 통해 깨달았다.

과연 이 투자 여정이 10배 이상의 결실로 잘 마무리될지, 여러 분도 함께 지켜봐주길 바란다.

상승장에서는
그다음을 준비하라

주식투자를 하다 보면 시장의 상승과 하락을 끊임없이 마주하게 된다. 특히 너무 사고 싶은 종목이 있음에도 상승장에서 주가가 도무지 내려오지 않아 추격 매수를 포기하고 잊어버리는 종목들이 있다. 하지만 바로 이때가 다음 기회를 거머쥐기 위해 준비해야 하는 중요한 시간이다.

상승장에서는 대부분의 주식이 오르기 때문에 오히려 공부에 소홀하게 된다. 보유한 종목들의 주가가 오르고 계좌의 수익률도 높아지니, 그저 언제 팔지만 고민하게 된다.

하지만 나는 이런 때일수록 상승하는 계좌를 바라보며 시간을 보내지 말고 다음을 준비하라고 말하고 싶다. 바로 이 차이가 하락 사이클을 지나 다시 상승장으로 전환될 때, 준비한 사람과 그렇지 않은 사람과의 엄청난 격차를 만든다.

: 팔란티어, 기회는 준비된 자에게 온다

2025년 3월, 관세 이슈로 시장이 급격히 흔들렸을 때였다. 그전까지 주식시장은 비교적 순조롭게 상승했고, 들뜬 분위기였다. 계좌를 특별히 점검할 일도 없었고, 뉴스와 경제 방송을 흘려듣는 게 내 하루 일과의 거의 전부였다.

그러던 어느 날, 문득 그동안 놓쳤던 종목들을 제대로 복기해보자는 생각이 들었다. 미처 사지 못했던 종목, 샀다가 너무 일찍 매도한 종목, 예전엔 관심이 없었지만 이제 와서 눈에 들어오는 종목들을 '관심 종목'에 하나씩 담았다.

관심 종목 폴더의 이름은 '하락 시 매수하자'라고 지었다. 그리고 '사야 할 종목 1순위'로 팔란티어를 저장했다.

팔란티어는 방대한 데이터를 통합하고 분석·시각화하여 정부와 국방, 민간 기업의 복잡한 의사결정을 돕는 AI 기반 데이터 분석 플랫폼 기업으로 알려져 있다. 하지만 솔직히 말해, 그 정의만으로는 이 회사가 정확히 무엇을 해서 돈을 버는지 잘 모르겠다.

그럼에도 주가는 미친 듯이 올랐다. 나는 그 상승의 이유를 정확히 이해하지 못했고, 기업의 비즈니스 모델 자체가 개인이 이해하기에는 너무 난해하다고 생각했다. 유형의 제품을 생산하는 기업이 아니다 보니 소비자들이 눈으로 보고 가치를 확인할 수 있는 영역이 아니었다.

그런데도 내가 하락 시 반드시 사야 할 종목 1순위로 팔란티어를 꼽은 이유는 바로 미 국방부와의 계약 체결 때문이었다. 팔란티어가 대규모 '프로젝트 메이븐(Project Maven)'을 통해 미 국방부와 약 6,600억 원 규모의 계약을 체결했다는 소식은 나에게 단순한 뉴스가 아니었다.

그 순간 나는 확신했다. '팔란티어의 주가 상승은 허상이 아니구나.' 비록 내가 그 기술을 다 이해하지 못하더라도, 이 기업은 해당 분야에서 선두를 달리고 있었고, 가시적인 성과를 내고 있었다. 그리고 결정적으로 미 국방부가 국가 안보를 맡길 정도로 실력을 입증한 기업이었다.

그렇다. 우리 같은 개인투자자는 기업을 평가할 때 완벽한 잣대를 갖기 어렵다. 그래서 리스크를 줄이기 위해 분산 투자를 하고, 안정적인 배당주를 선택한다. 하지만 시장을 상회하는 높은 수익률을 추구하려면 결국 성장주 투자에 올라타야만 한다.

이때 나는 내 모호한 판단을 고집하기보다, 나보다 더 우수한 선택을 내리는 집단의 안목을 빌리기로 한다. 그중 하나가 바로 미 국방부다.

미 국방부와의 계약 소식에 나는 팔란티어의 주가 상승을 일시적인 거품이나 근거 없는 기대감으로 의심하지 않게 되었고, 시장의 하락으로 주가가 동반 하락한다면 반드시 매수할 1순위 종목으로 꼽게 되었다.

그렇게 기회를 엿보고 있었으나 주식시장은 계속 상승했고, 팔란티어는 관심 종목에만 남겨둔 채 영원히 살 수 없는 종목이 되는 듯했다.

그러나 물극필반(物極必反)이라는 말처럼, 결국 기회는 찾아왔다. 팔란티어와 직접적인 관련도 없는 관세 부과 이슈로 주식시장이 요동쳤고, 팔란티어는 불과 며칠 만에 47% 가까이 급락했다. 나는 그동안 관심 종목에만 넣어두고 바라보기만 하던 팔란티어 주식을 주저 없이 매수했다.

이처럼 모두가 상승에 취해 들떠 있을 때일수록 하락을 대비해야 한다. 하락을 대비하는 과정에서 비중 관리도 중요하지만, 나는 하락이 왔을 때 어떤 매매를 할지, 어떤 종목을 가장 먼저, 왜 매수할지를 미리 정해두는 것이 더 중요하다고 생각한다.

물론 하락을 유발한 이슈에 따라 대응 방식은 달라져야 한다.

하지만 미리 종목을 선별하고 시나리오를 정리해두지 않는다면, 주가가 급락했다가 순식간에 반등하는 그 결정적인 순간을 멍하니 지켜보기만 하다가 놓치기 십상이다.

: 1주 매수 전략, 잊지 않기 위한 장치

만약 이런 과정을 한 번도 경험해보지 못했다면, 지금부터라도 반드시 시도해보길 권한다. 초보투자자들은 대개 종목을 관심 리스트에만 넣어둔 채 잊고 지내다가, 주가가 이미 저 멀리 달아난 뒤에야 뒤늦게 발견하곤 한다. 그래서 내가 제안하는 실전 팁은 바로 '단 1주라도 미리 보유해두는 것'이다.

계좌에 1주라도 찍혀 있으면, 매일 수익률을 확인할 때마다 그 종목은 자연스럽게 시야에 들어온다. 마치 손가락에 박힌 작은 가시처럼 기분 좋은 신경 쓰임이 계속되는 것이다. 그러다 어느 날, 그 1주의 수익률이 –40%라는 깊은 골짜기에 처박히는 순간이 온다면? 그때는 주저하지 말고 준비해둔 시나리오대로 과감하게 매수 버튼을 누르면 된다.

투자는 운 좋게 종목 하나를 골라 큰돈을 베팅하고 대박을 노리는 게임이 아니다. 남들과 다른 과정과 연습을 거치고, 수많은 실

패를 견디며 단단해진 사람만이 '시간'이라는 복리의 힘을 온전히
누릴 자격을 얻는다. 그런 고통스러운 인내를 통과한 사람만이, 비
로소 돈이라는 억압의 굴레에서 벗어날 수 있다.

· PART 4 ·

차트를 보면 매매의 방향성이 읽힌다

STOCK INVESTING

나의 차트 읽기
세 가지 지표로 시장을 읽는 법

투자를 본격적으로 시작하면 모바일 앱(MTS)이 아닌 PC 트레이딩 시스템(HTS)으로 차트를 보게 된다. 한눈에 가격 흐름을 파악할 수 있고, 다양한 보조 지표를 활용할 수 있기 때문이다. 그래서 초보투자자 시절에는 다른 사람들의 HTS 설정이 궁금한 경우가 많다. 나 역시 투자의 길에 처음 들어섰을 때, 성공한 투자자들은 과연 어떤 지표를 보고 어떤 설정을 하는지를 몹시 궁금해하며 그들의 세팅을 하나하나 따라 하던 시기가 있었다.

그 시절에는 여러 가지 지표를 화면 가득히 띄워놓고 차트를 봤다. 하지만 그 지표들을 완전히 소화하지 못하거나 정교하게 판단할 수 없다면, 그것은 분석이 아니라 그저 화면을 어지럽히는 데이터의 소음에 불과해진다.

지표를 많이 읽어낸다고 해서 반드시 수익으로 직결되는 것도 아니다. 결국 지금은 내게 단 세 가지 지표만 남았다.

나는 이 세 가지만으로도 충분하다고 생각한다. 각각의 지표가 무엇을 의미하는지, 어떻게 읽어내는지 하나씩 살펴보자.

: 이동평균선, 주가 흐름의 강도를 판단한다

이동평균선은 특정 기간 주가의 평균값을 점으로 찍어 하나의 선으로 연결한 지표다. 나는 5일, 10일, 20일, 60일, 112일, 224일선을 사용한다. 이동평균선을 보면 주가가 얼마나 강한 흐름을 보이는지, 어느 선에서 하락을 지지받는지 판단할 수 있다.

다음의 차트를 보면 60일 이동평균선을 주가가 한동안 돌파하지 못하고 계속 하락하다가, 어느 순간 돌파하고 난 뒤 '미친 듯한' 상승을 보이고 있다. 전업투자자들은 이런 것을 '세력이 들어왔다'라고 표현한다. 누군가가 이 기업에 대한 비공개 정보나 호재를 미리 알고 들어왔거나, 대량 수주 공시 같은 이벤트가 발생한 것이다.

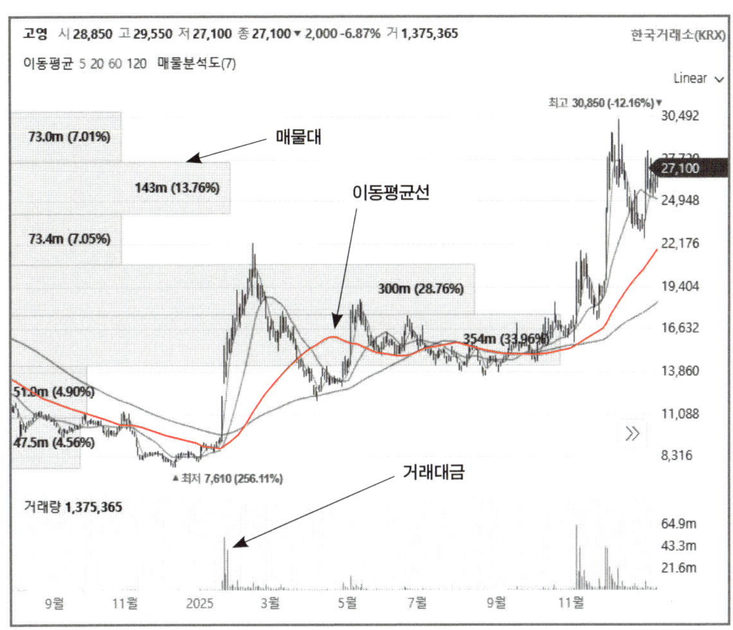

차트 위의 세 가지 핵심 지표 – 매물대, 이동평균선, 거래대금

이후 주가는 112일선, 224일선을 모두 한 번에 돌파하며 상승하고, 초기에 돌파했던 224일선까지 하락한 후 지지를 받으며 횡보하다가 추가 상승하는 모습을 보인다.

이처럼 이동평균선은 단순히 가격의 평균을 나타내는 것이 아니다. 이 종목에 세력이 들어와 얼마나 강한 흐름을 만들고 있는지, 더 상승할 가능성이 있는지를 판단할 수 있는 지표가 된다.

: 매물대, 주가가 어디서 쉬어갈지 알려주는 신호

앞의 차트 왼쪽에서 오른쪽으로 뻗은 막대 그래프가 보일 것이다. 이것이 매물대다. 매물대는 해당 가격대에서 얼마나 많은 거래가 일어났는지, 즉 얼마나 많은 사람들이 사고팔았는지를 나타내는 지표다. 우리가 흔히 말하는 '몇 층에 물려 있다'라는 표현으로 이해하면 쉽다.

막대 그래프가 길면 길수록 해당 가격에서 거래가 많이 일어났다는 뜻이고, 그 가격대에 주식을 보유한 사람이 많다는 의미다. 그래서 보통 매물대가 두꺼운 구간에서 지지와 저항이 발생한다.

예를 들어, 60일선을 뚫고 급등한 주식이 매물대가 많은 구간에 접어들면 상승분의 60% 이상을 반납하며 되돌리는 모습이 나타나기도 한다. 오랜 기간 물려 있던 사람들이 탈출하면서 물량을 쏟아내는 것이다. 대부분 아주 오래전에 물린 개인투자자들일 것이다.

이렇게 하락한 주가는 7개월간 소폭의 등락을 반복하며 횡보한다. 이 과정에서 급등에 새로 들어온 개인들, 이전 급등에 팔지 못해 후회하던 개인들이 본전이나 조금의 수익에 팔고 나간다. 우리나라 개인투자자들의 급한 성격을 세력도 잘 알고 있다. 매물대에서 물려 있는 개미들의 물량을 다양한 방법으로 충분히 넘겨받으면, 반드시 2차 상승으로 이어진다.

따라서 가격이 오르고 있다면 매물대에서 비중을 줄일까 고민하고, 가격이 하락한다면 매물대에서 조금 더 비중을 늘릴까 고민하는 근거로 활용하면 된다.

: 거래대금, 세력의 급한 마음을 읽어내는 핵심 지표

세 가지 지표 중 가장 중요한 것을 꼽으라면 단연 거래대금이다. 왜냐하면 다른 어떤 지표보다 돈은 거짓말을 하지 않기 때문이다.

하락하던 주가가 60일 이동평균선을 돌파한 후, 두터운 매물대가 있는 가격대까지 순식간에 치솟았다면 이것은 무엇을 의미할까? 이 종목에 대한 확신을 가진 세력이 7,000원에서 2만 1,000원으로 3배나 되는 가격을 주고서라도 물량을 확보해야만 했다는 방증이다. 즉, 이들은 앞으로 이 주식이 2만 1,000원보다 훨씬 더 큰 상승을 가져올 수 있다고 판단한 것이다.

하지만 단순히 주가만 올랐다고 이렇게 판단한다면 아주 짧은 반등에 속아 또 한 번 물리거나, 오히려 세력의 물량을 바닥에서 받아주는 역할을 할 수 있으니 주의가 필요하다.

: 시총 대비 거래대금을 확인하라

그래서 확인해야 할 것이 바로 시가총액 대비 거래대금이다. 나는 거래대금이 하루에 시총의 10% 이상 나온다면 의미 있는 거래라고 판단한다. 이 거래금액은 크면 클수록 좋다. 시총이 1조인 기업이라면 1일 거래금액이 적어도 1,000억 원 이상은 나와야 한다는 말이다.

특히 주가가 하락 후 오랜 기간 횡보한 뒤 나오는 거래대금을 읽어내면, 어떤 뉴스나 재무제표로도 잡아낼 수 없는 바닥을 포착할 수 있다. 왜냐하면 오랜 기간 매매가 없던 주식을 누군가가 사들이고 있다는 신호이기 때문이다.

: 상승 과정에서 거래량은 줄어야 한다

상승 초입에 거래가 집중되고, 이후 상승하는 과정에서는 거래량이 점점 줄어야 한다. 상승의 막바지에 거래량이 폭발한다는 것은 이 기업의 미래에 대한 매수세가 아니라, 세력이 물량을 개미 투자자에게 넘기는 마지막 상승 신호다. 특히 상승을 마치고 하락하는 과정에서는 더욱 그렇다.

결국 아무리 좋은 기업이라도 돈이 들어오지 않으면 주가는 하락하고, 오랜 기간 죽어 있던 기업도 돈이 들어오면 주가는 해당 기업의 가치 이상으로 상승하기도 한다. 우리는 그 변동성을 즐기면 되는 것이다.

: 세 가지 지표를 활용한 실전 매매

위 세 가지 지표를 활용하면 이 기업에 의미 있는 돈이 들어왔는지, 얼마의 가격에서 비중 관리가 필요한지, 주가가 얼마나 강한 흐름을 보이는지 등을 판단할 수 있다.

내가 판단하는 방식을 간단히 정리하면 이렇다.

- 첫째, 돈이 들어온 종목을 고른다. 거래대금 기준으로 수천억 원 이상 거래된 기업들을 선별한다.
- 둘째, 매물대를 확인한다. 얼마나 더 상승할 수 있을지, 얼마의 가격까지 밀릴 수 있을지 대략적인 그림을 그리고 1차 매수를 한다. 그 과정에서 비중을 줄이기도 하고, 하락하는 과정에서 매물대 하단 부근에서 다시 비중을 늘리기도 한다.
- 셋째, 이동평균선과 거래대금을 함께 본다. 급등 후 하락한 주식이 돌파

했던 이동평균선에서 지지를 받는지, 이때 거래대금이 현저히 줄며 횡보하는지를 보면서, 이 기업을 들고 갈지 비중을 늘릴지 전부 수익 실현할지 등을 판단한다.

주가가 상승 후 횡보하는 구간에 오면, 시장에서 왜 이런 수급이 들어올 수 있었는지 뉴스들이 나오기 시작한다. 그때 여러 뉴스를 종합해보고 판단해서 이 기업을 단기적인 수익으로 마무리할 것인지, 일정 비중을 남겨둘 것인지, 반대로 더 큰 기회로 보고 비중을 늘릴 것인지 결정하면 된다.

예를 들어, 내가 투자한 한 종목의 경우 2차 거래대금이 폭발할 때 추가 매수했고, 현재는 비중을 줄여나가고 있다. 맨 위 마지막 매물대에서 가격 조정이 올 것이라 생각했기 때문이고, 실제로 그렇게 진행되고 있다.

: 차트는 아는 만큼 보이지만, 시장을 이길 수는 없다

차트는 아는 만큼 보인다. 하지만 역설적이게도 그 아는 것 때문에 투자에 실패하기도 한다. 무슨 말이냐면, 아무리 내가 차트를 잘 읽어도, 그 어떤 매매 기법에 능통할지라도, 결국 시장 전체가 무너져내릴 때는 소용없다는 의미다. 그 어떤 기법도, 고급 정보도, 방대한 자료도 무용지물이 된다.

그래서 나는 초보투자자들에게 항상 말한다. 시장이 상승하는 구간에서 움직여라. 즉 횡보하거나 하락하던 지수가 5개월 이동평균선 위에서 수개월간 머물며 상승을 시작하는 구간에서 매매를 하라는 말이다.

수많은 개인투자자가 밤낮으로 기업을 분석하고 비싼 강의를 찾아 들으며 실력을 쌓지만, 정작 '시장의 큰 흐름'이라는 진리를 간과하기에 손실을 겪는다. 아무리 뛰어난 사수라도 태풍이 몰아치는 벌판에서 과녁을 맞히기란 쉽지 않은 법이다.

코스피 지수로
바닥과 천장을 읽는 법

종목 발굴 능력이 생기고, 기본적인 차트 보는 법을 익혔다면 이제 실전 투자 단계로 넘어갈 차례다. 특히 우리나라 시장에 투자할 때는 개별 종목의 차트만 보는 것으로는 부족하다. 반드시 지수부터 봐야 한다.

2024년 말에서 2025년 초, 달러 환율이 1,466원을 찍던 시점에 나는 달러를 원화로 환전해 한국 시장 투자를 시작했다. 한국 시장이 충분한 조정을 거쳤다고 판단했고, 앞으로 몇 개월은 좋은 흐름이 나올 가능성이 높다고 본 것이다.

그동안 나는 대부분의 자산을 미국 시장에 투자해왔고, 한국 시장은 단기 급락이 오지 않는 한 거의 매매하지 않았다. 눌림이 나와 매매를 시작하더라도 대개 직전 고점 부근에서는 대부분 익절하고 나오는 편이었다. 그런데 당시 환율은 고공행진 중이었고, 코스피는 2,900포인트에서 2,400포인트까지 빠진 상황이어서 '지금 환전해 국내 주식을 사면 적어도 손해는 보지 않겠다'는 확신이 들었다.

: 한국 시장 투자는 반드시 지수부터 확인하라

나는 한국 시장에 투자를 시작할 때 반드시 "지수부터 보라"고 말한다. 지수가 얼마나 하락했는지, 지금 하락 구간인지, 반대로 얼마나 상승했는지, 상승 추세에 있는지, 이 기본적인 흐름을 확인하는 것은 필수다.

주식시장은 결국 우상향한다는 믿음은 미국 시장에서는 어느 정도 통하지만, 오랜 시간 박스권에 갇혀 있는 우리나라 코스피에서는 그런 믿음을 갖기 어렵다. 그래서 나 역시 한국 시장을 매매할 때는 반드시 코스피 지수를 확인하고, 박스권의 하단과 상단을 먼저 파악한다. 그렇게 하면 추가 하락이 오더라도 손실 기간은 짧고 결국 수익 구간으로 돌아선다는 것을 여러 번 경험했기 때문이다.

이러한 경험을 토대로 나는 한국 시장에서 이른바 '짤짤이 매매 (큰 흐름을 노리는 게 아니라, 단시간에 조금씩 자주 사고팔아 적은 수익을 반복해서 쌓는 매매 방식)'를 했고, 불과 10개월 만에 4,000만 원으로 1억 1,650만 원의 수익을 만들 수 있었다.

이때 어떤 기준과 원칙으로 매매했는지를 여러분에게 공개하겠다.

: 박스권의 하단에서 매수하라

내가 한국 시장에 투자를 다시 시작한 시점은 코스피 지수가 전저점 부근에서 약간 올라온 자리였고, 2024년에서 2025년으로 넘어가며 반등이 나오기 시작한 구간이었다. 오랜 기간 코스피의 박스권 흐름을 경험해온 투자자로서, 전저점 하단에서 매수를 하면 크게 손실을 보지 않는다는 사실을 잘 알고 있었다.

대체로 이런 구간에서 코스피 PBR은 0.8~0.9 수준에 형성되는 경우가 많고, 이번에도 예외는 아니었다. 그리고 이런 정보는 한국 시장을 조금만 겪어본 투자자라면 누구나 알고 있는 사실이기도 했다.

하지만 당시 나는 미국 시장에 대부분 투자하고 있었기 때문에 국내 시장 투자에는 큰 의미를 두지 않았다. 미국 시장에서 이미 충분히 좋은 수익을 내고 있었고, 굳이 달러를 원화로 바꾸면서까지 국내 시장에 투자할 이유를 느끼지 못했다.

그런데 환율은 지속적으로 높은 구간을 유지하고 있었고, 코스피는 저점에 머물러 있었다. 잘만 하면 1,200원대에 매수해둔 달러를 1,466원에 환전해 환차익을 챙기고, 그 원화로 국내 주식을 매수해 추가 수익을 얻은 뒤, 다시 환율이 낮아졌을 때 달러로 재환전하는 전략을 시도할 수 있을 것 같았다. 이렇게 되면 1차 환차익 → 2차 투자 수익 → 3차 환차익까지 노릴 수 있는, 말 그대로 '완벽한 매매 사이클'을 만들 수 있다고 판단했던 것이다.

: 달러와 코스피의 상관관계

내가 이런 생각을 가지게 된 배경은 한 가지 지표만 더 보면 여러분도 쉽게 공감할 수 있을 것이다.

달러와 코스피의 흐름을 함께 놓고 보면 비교적 뚜렷한 패턴이 드러난다. 코스피가 상승하는 구간에서는 달러가 약세를 보이고, 달러가 강세를 나타낼 때는 코스피가 하락하는 경우가 많다. 이는 수년간 반복돼온 전형적인 흐름이다.

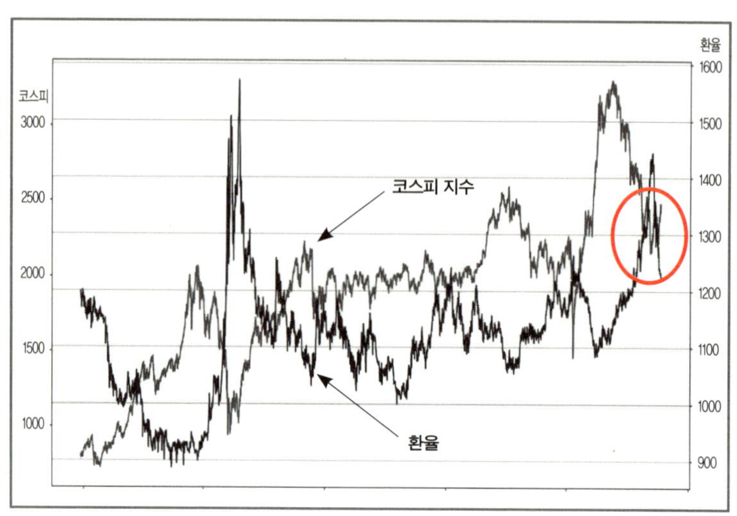

달러 환율과 코스피 지수의 상관관계

코스피 지수를 꾸준히 관찰해오던 나는 이 상관관계를 확인하는 순간, 국내 시장이 다시 한 번 기회를 만들고 있다는 확신이 들었다. 환율이 고점에 있고, 코스피가 저점에 머물러 있을 때야말로 달러를 원화로 바꾸어 국내 주식에 진입할 최적의 환경이라는 판단이 섰던 것이다.

하지만 최근(2025년 하반기) 들어 공식처럼 여겨지던 이 흐름에도 균열이 나타났다. 환율이 높은 수준을 유지하는데도 코스피는 상승하는 모습이 관찰되고 있다. 기존의 상관관계에 변수가 생긴 셈이다.

그 배경으로는 여러 요인이 거론된다. 미국 대비 낮은 한국의 기준금리, 미중 패권 경쟁 속 유동성 확대와 이에 따른 미국의 높은 성장률, 한국 자본시장 건전화 정책 변화 등이 대표적이다. 여기에 한국 개인투자자들의 600조 원이 넘는 해외 투자 역시 환율이 쉽게 하락하지 않는 환경을 만드는 요인으로 지목된다.

다만 이러한 흐름이 일시적 현상에 그칠지, 구조적 변화로 이어질지는 시간이 더 지나야 알 수 있다.

나는 2026년 중에 달러 약세가 나타나고, 코스피는 예상보다 높은 수준까지 상승하면서 결국 '달러 하락과 코스피 강세'라는 전통적 패턴으로 회귀할 가능성도 있다고 본다. 그러나 이는 어디까지나 나의 전망일 뿐이다.

여러 데이터와 변수들은 투자 판단을 돕는 참고 자료일 뿐, 가장 중요한 것은 내가 어느 지점에서 욕심을 내고 있는지, 또 어느 지점에서 주저하거나 두려워하고 있는지를 스스로 명확히 아는 일이다. 이를 위해서는 흔들리지 않는 기준이 필요하다. 나는 그 1차 기준을 코스피 지수에서 찾는다.

이렇게 행동을 제어해주는 기준이 생기면 매수뿐 아니라 매도의 원칙도 자연스럽게 세워진다. 예컨대 코스피 저점 부근에서 진입했다면, 전고점에 근접하거나 이를 돌파하는 구간에서는 투자금의 일정 비중을 반드시 줄여야 한다. 수익을 극대화하려는 욕심보다 원칙을 지키는 일이 우선이기 때문이다.

　이처럼 단순한 기준만으로도 계좌 수익은 충분히 플러스로 마무리될 수 있다. 개별 종목 선택이 부담스럽다면, 코스피200과 같은 지수에 투자하는 것도 하나의 대안이다. 시장 전체의 흐름을 따라가는 방식이기 때문에 상대적으로 안정적이며, 개별 종목 리스크를 줄이는 데도 도움이 된다.

바닥에서 이제 막 상승하는 종목을 고르는 법

국내 주식에 투자하며 가장 유용하게 활용했고, 지금까지도 변함없이 고수하는 기법이 하나 있다. 이 기법을 책에서 공개하는 이유는, 많은 투자자가 '바닥에서 반등하는 종목'을 선점하기를 원하지만, 정작 매수 후의 흔들기를 견디지 못해 수익의 결실을 보지 못하는 현실이 안타까웠기 때문이다.

그 원인은 명확한 기준 없이 감정에 휘말려 매매하는 데 있다. 많은 투자자가 '이 정도면 충분히 하락했으니 사도 되겠지'라는 막연한 기대감으로 진입했다가, 주가가 조금만 흔들려도 불안함에 손절하거나 적은 수익에 만족하며 서둘러 팔아치우고 만다.

그런 투자자의 심리를 누구보다 잘 알기에, 업황이 살아나고 수급이 유입되는 종목을 끝까지 보유할 수 있는 확실한 기준을 제시하고 싶었다.

이 기법은 지금까지 가까운 지인들에게만 전수했을 뿐, 내 유튜브 채널에서도 단 한 번도 언급한 적이 없다. 오직 이 책을 통해 처음으로 공개하는 나만의 실전 노하우다.

: 월봉 5개월 이동평균선 돌파 기법

다음의 차트는 특정 종목의 월봉 흐름을 보여준다. 그림에서 보듯 3년 가까이 하락세를 면치 못하던 주식이 비로소 바닥을 다지고 상승으로 방향을 틀었다. 그렇다면 우리는 어떻게 해야 차트에 선명히 새겨진 저 수익 구간의 장대양봉을 실제 내 계좌의 숫자로 바꿀 수 있을까?

국내 주식 투자를 하며 공부가 다 부질없다고 느껴질 때쯤, 나는 차트 공부에 매진했다. 바닥에서 이제 막 고개를 드는 종목을 잡아내고 싶어 며칠 밤을 꼬박 새우며 고민했다. 일봉, 주봉, 월봉, 분기봉, 연봉까지 모든 주기별 차트를 보며 그 속에 숨겨진 일관된 패턴을 집요하게 추적했다.

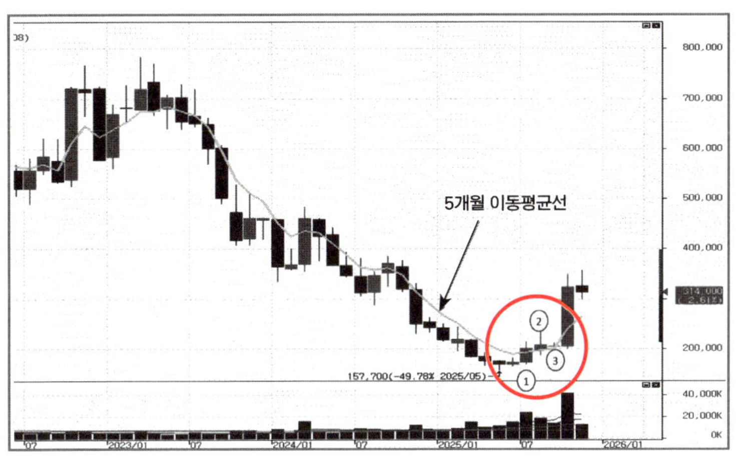

월봉 차트, 5개월 이동평균선과 종가 3개 이상 돌파 지점

그렇게 찾아낸 것이 월봉 기준, 캔들의 종가가 5개월 이동평균선 위에서 3개월 이상 안착한다면, 그 종목은 예외 없이 강력한 상승 랠리를 시작한다는 사실이었다.

그림을 보면 5개월 이동평균선을 넘지 못한 채 장기 하락하던 주가가 마침내 이 선을 뚫고 올라오는 구간(①~③)이 포착된다. 이때가 바로 중요한 변곡점이다. 여기서 잠시 반등했다가 다시 하락할 가능성이 큰지, 아니면 이곳을 기점으로 주가가 본격적인 턴어라운드를 시작할지를 판단하는 결정적인 근거가 바로 이 기법에 담겨 있다.

내가 찾은 기준은 이렇다. 월봉상 종가가 5개월 이동평균선 위에서 3개월 이상 머문다면, 이는 수급이 빠지지 않고 추가 상승할 가능성이 매우 높다는 강력한 증거가 된다.

당장 시장에 이 종목과 관련된 뉴스나 구체적인 정보가 흘러나오지 않을 수도 있다. 하지만 종목의 가치를 꿰뚫고 있는 누군가는 이미 저평가 구간임을 직감하고 매집을 시작한 것이다. 그들은 물량을 확보한 뒤 쉽게 빠져나가지 않으며, 차트 위에 그 흔적을 남긴다.

물론 시가총액이 지나치게 적은 종목이거나 외부 변수가 크게 작용할 때는 이 패턴이 어긋나기도 한다. 하지만 그런 경우조차 시간을 두고 장기 보유하면 결국 수익을 준다는 점을 여러 종목을 통해 확인할 수 있었다.

이후 나는 이러한 패턴을 보이는 종목들을 선별해 매매하기 시작했고, 아주 크지는 않더라도 안정적인 수익을 꾸준히 올릴 수 있었다.

이 방법은 월봉을 기준으로 하기에 적은 돈으로 오래 기다리며 투자할 수 있는 직장인들에게 적합한 투자법이라 생각한다.

: 차트는 속일 수 없다

아무리 공부를 해도 물적분할, 대주주 리스크, 상속 이슈, 불성실

공시, 유상증자와 같은 각종 악재로 고통받는 투자를 반복하던 시절이 있었다. 그러다 나는 알게 되었다. 이런 악재들이 모두 반영되어 주가가 바닥까지 무너진 종목 중, 산업 사이클의 회복이나 실적 개선을 앞둔 종목들은 차트로 먼저 포착할 수 있다는 점을 말이다.

이 과정을 수없이 반복하며 얻은 결론은 간단했다. 기업 내부의 사정을 가장 잘 아는 누군가는 이미 정보에 기반해 움직이고 있는 것이다. 그렇지 않고서야, 몇 달 뒤에나 공시될 호재를 미리 예견한 듯 바닥권에서 매집을 시작하는 현상을 설명할 길이 없다. 물론 이는 어디까지나 추정일 뿐이며, 내부 정보에 접근할 수 없는 우리가 주가의 최저점을 정확히 맞히기란 불가능에 가깝다.

그러나 한 가지 확실한 사실은 있다. 제아무리 정보에 정통한 자라도 거래량과 거래대금, 차트의 흐름만큼은 감출 수 없다는 점이다. 우리가 이 신호들을 읽어낼 수 있다면, 그리고 수많은 시행착오를 통해 자신만의 기준을 정립한다면 이야기는 달라진다. 막연한 감에 의존하는 매매에서 벗어나, 승률이 높은 '이기는 투자'를 비로소 시작할 수 있는 것이다.

아울러 수익 구간에서는 기계적으로 일부를 실현하여 수익을 확정 짓는 것이 원칙이다. 나머지 물량을 전부 매도할지, 아니면 끝까지 가져갈지는 그때 판단해도 늦지 않다. 이 기법으로 걸러낸 종목 중에는 상상을 초월하는 수준의 시세를 내는 경우가 종종 발생하기 때문이다.

3개월 전에 이 종목을 차트로만 골랐을 때는 뉴스도 없었고 아무것도 알 수 없었을 것이다. 하지만 시간이 지나고 수익을 실현할 구간쯤 왔을 때는 각종 뉴스와 매출 관련 소식들이 전해질 것이다. 그러면 이런 상황들을 종합해 '카더라'가 아닌 실제 매출이 일어나고 업황이 돌아서는 것이 확인되면 일정 물량은 장기로 들고 가도 좋다.

거래량에 숨겨진 세력의 신호를 읽어라

한국 주식을 오래 경험하다 보니, 어느 순간 투자 공부 자체에 대한 회의감이 밀려왔다. 재무제표를 아무리 분석하고 기업을 공부해도, 예측할 수 없는 돌발 변수 하나로 모든 노력이 무너지는 경험을 반복해 겪었기 때문이다. 그런 기업에 투자하는 일은 공부에 기반한 투자가 아니라 예측 불가능한 도박처럼 느껴졌다.

그 무렵 나는 자연스럽게 기술적 분석, 즉 차트 분석에 빠져들게 되었고, 이후 수년간 오로지 차트의 흐름만을 보고 매매하는 차트 투자에 집중했다. 그 과정에서 가장 신뢰할 만하고 승률이 좋다고 판단한 기준이 바로 거래량과 거래대금이다.

: 거래대금을 주목하라

기본적으로 거래량이 많아지면 거래대금도 증가하므로 두 지표는 거의 같은 맥락으로 볼 수 있다. 하지만 나는 가능하면 거래대금을 기준으로 본다. 왜냐하면 소형주의 경우 거래량은 많아 보여도 실제 금액은 매우 적어, 총거래액이 적게 형성되면서 잘못된 신호가 발생하는 경우가 자주 있기 때문이다.

다음은 두산에너빌리티의 월봉 차트다. 그림 하단의 세로 막대가 거래량과 거래대금을 나타낸다. 박스로 표시한 구간을 보면, 이전에는 단 한 번도 등장하지 않았던 압도적인 거래량과 거래대금

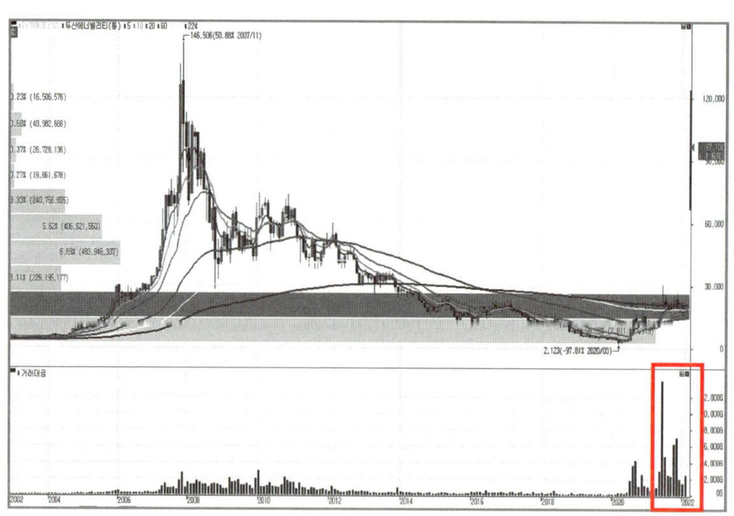

두산에너빌리티 월봉 차트, 압도적 거래량 구간

이 터졌다는 사실을 확인할 수 있다. 나는 차트를 보다 이런 특징을 보이는 종목이 나타나면 바로 관심 종목에 넣었다.

차트 공부를 하며 가장 오래 고민했던 질문은 이것이었다. '어떻게 하면 다른 사람들, 특히 큰손들이 이 종목에 관심을 갖고 매집하려는 신호를 포착할 수 있을까?', '바닥을 정확히 잡지는 못해도, 장기적으로 상승할 수밖에 없는 종목을 뉴스나 유튜브가 아닌 내 기준으로 골라낼 수 있을까?'

그 고민 끝에 확신하게 된 사실이 있다. 갑작스러운 물적분할, 유상증자와 같은 이슈는 기업이 발표하는 순간에야 알 수 있으며, 일반 투자자는 절대 미리 알 수 없다. 하지만 돈의 흐름은 속일 수 없다. 그것이 바로 거래량과 거래대금이다.

결국 크게 상승할 종목이라면 세력이나 내부자들은 반드시 먼저 매수하려 한다. 그리고 그 움직임은 숨길 수 없기 때문에 거래량과 거래대금 폭발이라는 형태로 차트에 고스란히 나타날 수밖에 없다.

: 개미털기 과정을 견뎌라

그렇다면 압도적인 거래량만 나오면 무조건 수익을 낼 수 있을까?

물론 절대 아니다. 거래량이 터지면 나 같은 개인투자자들이 관심을 갖는다는 사실을 세력들도 잘 알고 있다. 그래서 그들은 소위 말하는 '작업'을 시작한다. 눈치 빠른 개인투자자들을 털어내기 위해 아주 오랫동안 옆으로 주가가 횡보하게 만들거나 한 차례 더 추가 하락을 만들어 손절하게 유도하는 것이다. 이미 물려서 장기 보유 중인 개인투자자들에게는 짧은 급등락을 반복해 적은 수익이라도 보이면 스스로 털고 나가도록 만든다. 이렇게 개인투자자들이 빠져나갈 때까지 시간을 끌면서 세력은 조용히 물량을 모아간다.

그렇게 많은 물량의 손바꿈이 일어나면 주가는 본격적으로 상승하기 시작한다. 앞서 본 차트에서 압도적 거래량이 터진 후 수개월 후의 모습을 보면 주가는 무려 320% 이상 상승했다. 하지만 그 과정에서 앞서 언급한 개미털기 과정이 7개월간 진행됐다.

나 같은 스윙 투자자들은 적당한 수익 구간에서 빠져나왔지만, 장기투자를 다짐했던 사람들은 중간에 나왔던 -58%의 급락을 견디기 어려웠을 것이다. 또 오랫동안 물려 있으면서 물타기를 반복했던 사람들은 최저가 대비 1,500% 가까이 오른 뒤에야 겨우 본전 구간에서 빠져나왔을 가능성이 크다.

주식투자를 오래 하고 차트를 계속 보다 보면 이런 흐름들이 뚜렷하게 보이기 시작한다. 이 책을 읽은 뒤, 이런 특징이 나타나는 차트를 밤새 돌려본다면 아마 여러분 역시 같은 흐름을 읽어낼 수 있을 것이다.

: 주의할 점

앞서 소개한 두 가지 매매법은 직장인에게 특히 유용한 투자법이다. 오랜 시간을 천천히 기다릴 수 있고, 월말에 단 한 번만 체크해도 실행할 수 있는 방식이기 때문이다.

이제 여러분은 자신만의 무기를 두 개나 갖게 되었다. 하나는 바닥을 딛고 돌아서는 종목을 포착하는 법, 다른 하나는 장차 크게 상승할 유망주를 미리 발굴하는 법이다. 이 두 가지만 제대로 갈고 닦아도 훨씬 더 편안하고 안정적인 투자를 이어갈 수 있다.

하지만 이 투자 기법에도 반드시 알아야 할 주의점이 있다.

첫째, 주가가 이미 크게 오른 상태에서 나타나는 거래량 증가는 상승 신호가 아니라 세력이 물량을 정리하며 빠져나가는 신호일 수 있다.

둘째, 월봉에서 거래대금 막대가 커 보인다고 해서 무조건 매집 신호로 볼 수 없으며, 실제로 하루 거래대금이 최소 수천억 원 이상 발생했는지를 확인해야 한다.

셋째, 오랜 기간 하락했던 종목은 첫 번째 반등 이후 다시 제자리로 되돌아오는 경우가 많다. 따라서 성급하게 첫 반응에 올라타기보다는 '두 번째 상승 구간'에 주목해야 한다. 이 구간에서 폭발적인 거래량이 터졌을 때 접근하는 것이 성공 확률을 높이는 방법이다.

: 대부분은 실천하지 않는다

하지만, 이런 투자법을 알고도 대부분은 실천하지 않는다는 사실을 나는 잘 알고 있다. 왜냐하면 많은 투자자들은 여전히 매우 공격적인 단기 투자를 선호하기 때문이다. 월 단위로 체크하고 기다리는 투자법을 알려줘도, 대부분은 하지 않는다.

나도 그랬고, 나와 함께 투자하던 사람들도 그랬다. 며칠 만에 수십 퍼센트 수익을 내고 싶어 하며, 아무 기준 없이 종목을 던져놓는 투자자들 중 지금까지 시장에 남아 있는 사람은 단 한 명도 없다.

회사에 다니던 시절, 투자 클럽에서 국내 시장의 장기투자를 외치며 "나는 무슨 일이 있어도 시장에서 떠나지 않고 꾸준히 사들이겠다"고 장담하던 후배조차 7년간 힘들게 이어온 투자 생활을 코로나19 폭락장에서 잠깐 난 약수익 구간에 모두 매도하고 시장을 떠났다.

결국 어떤 대응을 할 수 있는지가 투자자의 운명을 갈라놓는다. 대응 능력에 따라 선택해야 하는 전략도 모두 다르다.

이 책을 읽으며 조기 은퇴를 꿈꾸는 직장인과 사회 초년생이라면, 부디 타인의 말에 휘둘리지 않는 자신만의 확고한 기준을 세우길 바란다. 이를 통해 기업이 일궈낸 성장의 결실을 온전히 향유하는 투자의 기쁨을 누렸으면 한다. 아울러 그 여정 속에서 내가 공유한 이 기술적 분석법이, 여러분이 옥석을 더 빠르고 정확하게 가려내는 데 길잡이가 되기를 진심으로 기원한다.

개미털기를
어떻게 알 수 있을까

다음은 국내 코스닥에 상장된 고영이라는 회사의 월봉 차트다. 이 기업은 정밀측정 자동화 시스템 제조업체이며, 반도체 후공정 장비 업체로 분류된다.

차트에 세로로 그어진 10개의 선이 보일 것이다. 그 선이 그어진 곳 하단의 검은 막대그래프는 거래량과 거래대금을 나타낸다. 하단의 막대그래프가 왼쪽과 달리 매우 높게 치솟아 있음을 알 수 있다. 즉 그 당시 거래량 또는 거래대금이 활발했고, 그 거래가 터졌을 때 주가도 급등했다는 사실을 알 수 있다.

하지만 박스 안 차트를 보면 주가는 하염없이 하락하고 있고,

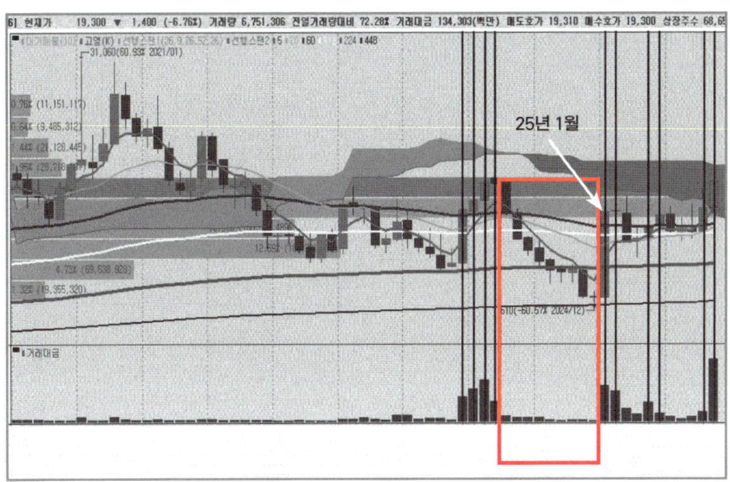

고영 월봉 차트, 거래량으로 보는 개미털기

하단의 거래대금은 매우 적어지는 것을 확인할 수 있다.

이 정도만 보고 '살 때 많이 사고 팔 때 적게 팔았으니 개미털기다'라고 예측하는 분들이 많다. 틀린 말은 아니지만, 확률을 더 높이려면 여기에 한 가지 조건을 추가하면 된다. 그것은 바로 하락과 상승의 시간 비대칭성이다.

2025년 1월의 장대 양봉(큰 상승)을 보면 알 수 있다. 단 한 달 만에 이전 8개월간 하락한 하락률을 모두 만회한 것을 볼 수 있다. 이렇게 하락할 때는 지루하게 거래 없이 오랜 기간 하락하지만, 상승할 때는 개인들이 미처 대처할 틈도 주지 않고 단기간에 하락을 모두 만회하는 모습이 바로 전형적인 개미털기인 것이다.

해당 종목은 반도체 관련주로 주도주 섹터에 속해 있고, 2025년 가격이 급등 중인 eSSD 관련주라 사람들의 관심이 몰렸던 종목이다. 세력 입장에서는 정보가 빠른 개인들과 단기 자금으로 들어온 개인들을 털어내는 과정이 필요했을 것이다.

이렇게 개인투자자들이 8개월이라는 긴 하락의 시간을 견디지 못해 시장을 떠나고, 마지막까지 버티던 이들마저 본전 구간에서 물량을 털고 나면 주가는 비로소 본격적인 상승 랠리를 시작한다. 나는 이 종목을 2025년 10월에 매수하여 보유 중이며, 시장 상황에 맞춰 비중을 유연하게 조절하며 수익을 극대화할 계획이다.

만약 여러분이 분석한 기업의 주가가 이유 없이 하락한다면, 그것이 더 큰 도약을 위해 잠시 몸을 웅크리는 과정은 아닌지 냉철히 확인해보길 바란다. 다만, 이때 절대 간과해서는 안 될 전제가 있다. 해당 종목이 반드시 시장의 흐름을 이끄는 주도주 섹터 내에 속해 있어야 한다는 사실이다.

가끔 기법을 어설프게 익힌 이들이 특정 지표 한두 가지만 맹신하여 모든 종목에 무리하게 대입하다가 낭패를 보는 경우를 목격한다. 투자란 입체적인 판단이 필요한 영역이다. 따라서 시장의 여러 정황을 종합적으로 살피고, 특히 자신이 보유한 종목에 대해서만큼은 '무조건 오를 것'이라는 상승 편향에 빠지지 않도록 끊임없이 경계해야 한다.

나는 2025년 한 해 동안 이러한 기법과 나름의 기준을 토대로 국내 시장에 투자했다. 본래 목표했던 수익을 달성한 뒤 시장을 떠날 계획이었으나, 정부의 적극적인 자본시장 활성화 정책이 맞물리며 투자를 조금 더 지속하기로 결정을 내렸다. 그 결과, 이 글을 집필 중인 2025년 11월 현재까지 국내 시장에서 4,000만 원의 시드로 시작해 총 1억 3,000만 원이라는 유의미한 수익을 거둘 수 있었다.

한국 시장에 장기투자하라

한국 시장에 장기투자하라고 말할 수 있어서 나도 기쁘다. 과거의 나였다면 결코 하지 않았을 말이다. 이렇게 말할 수 있게 된 배경은 다음과 같다.

2025년을 기점으로 한국 자본시장의 체질을 바꾸는 구조적 변화가 시작되었다. 주가 조작에 대한 엄격한 제재와 배당 분리과세 등 실질적인 제도 개선안들이 구체적으로 집행되기 시작했다. 이전에도 개혁 시도는 여러 차례 있었지만 번번이 흐지부지되었던 것과 달리, 이번에는 정책의 실행 속도와 강도가 완전히 달랐다. 시장은 이를 실질적인 변화로 받아들였고, 이는 곧 외국인 투자자들의 강력한 순매수세로 이어졌다.

그리고 글로벌 패권 구도의 재편이 한국 산업에 구조적 호재를 만들었다. 미중 패권전쟁으로 인한 AI 인프라 투자 경쟁, 미국 제조업 공동화로 인한 한국 조선업의 수주 급증, 지정학적 불안으로 인한 방산 수출 확대가 동시다발적으로 진행되었다. 이는 2021년, 개인투자자들이 겪었던 소외에 대한 공포, 즉 '포모(FOMO)'가 만들어낸 일시적 과열과는 다르다. 이번 상승은 시장의 체질 개선과 제도적 뒷받침이 동반된, 본질적인 펀더멘털 기반의 랠리라고 할 수 있다.

마지막으로, 반도체 슈퍼 사이클의 성격이 변화했다는 점에 주목해야 한다. 시장은 한때 HBM(고대역폭 메모리)만이 유일한 대안이며, 기존 범용 D램은 사양길에 접어들 것으로 치부했다. 그러나 AI 산업이 고도화되고 추론 단계가 성숙해짐에 따라, 오히려 범용 D램의 수요가 폭발적으로 급증하는 대반전이 일어났다. 이는 단순한 단기적 현상이 아니라, 향후 수년간 시장을 견인할 구조적 변화다.

: 삼성전자, 엔비디아를 넘어선다

나는 이런 변화의 중심에 삼성전자가 있다고 본다. 삼성전자를 여전히 주목해야 하는 이유는 명확하다.

메모리 시장의 수요 구조 자체가 완전히 바뀌었다. 삼성전자는 HBM 시장에서 경쟁사와의 기술 격차를 빠르게 좁히는 동시에, 기존 D램 시장에서는 압도적인 점유율과 생산 능력을 유지하고 있다. AI 추론용 D램 수요가 폭발적으로 늘어나는 지금의 흐름은 삼성전자에게 가장 유리한 시나리오다. 여기에 만년 적자였던 파운드리 사업도 테슬라라는 강력한 고객을 확보한 상태다. 이를 발판으로 파운드리에서 가시적인 성과를 내고, 현재 TSMC가 사실상 독점하고 있는 후가공 패키징 분야에서도 존재감을 드러낸다면, 삼성전자는 현재 엔비디아의 시가총액 4,000조 원을 넘어서는 기업으로 성장할 수 있다고 생각한다.

시장에서는 삼성전자의 연간 순이익이 머지않아 100조 원을 넘어설 것으로 전망하고 있다. 이 막대한 이익이 주주 배당으로 이어지기 시작한다면, 삼성전자 주가는 30만 원이 목표가 아니라 출발점에 불과할 수 있다. 탄탄한 실적과 주주 친화적인 정책은 그동안 한국 시장을 외면해왔던 외국인 투자자들을 끌어들이는 강력한 유인이 될 것이다.

여기에 더해 한국 시장은 체질적인 변화를 겪고 있다. 정부의 강력한 의지 아래 기업들은 자발적으로 자사주 소각에 나서고 있고, 물적분할 대신 인적분할을 선택하는 흐름도 뚜렷해지고 있다. 주주에게 배당하는 것이 오너 일가의 상속과 절세에도 유리하도록 제도가 정비되고 있다는 점도 주목할 만하다.

역사적으로 외국인 자금 유입의 첫 번째 수혜주는 항상 시가총액 1위 기업이었다. 한국 시장이 재평가받는 국면에서 시가총액 1위인 삼성전자는 가장 먼저, 가장 많이 매수되는 대표 종목일 수밖에 없다. 실제로 외국인들은 한국 시장 진입 시 포트폴리오의 앵커로 삼성전자부터 담는 패턴을 반복해왔다.

이러한 변화를 시장에서는 미리 알고 움직인다. 그 결과 한국 시장은 2025년 하반기 동안 상승했다. 미국 시장이 조정을 받는 와중에도 한국 시장은 오히려 더 가파른 상승을 이어갔다. 수출 기업들은 외국인 수급에 힘입어 역사적 고점을 돌파했고, 시장이 달라졌다는 분위기가 확산되면서 떠났던 국내 투자자들도 복귀하기 시작했다.

코스피는 결국 4,000을 돌파했고(집필 시점인 2025년 10월), 나스닥을 제치고 전 세계 상승률 1위를 기록했다. 나 또한 시장의 상승 탄력에 힘입어 큰 수익을 낼 수 있었다. 그리고 이제 나는 '앞으로 대한민국의 반도체가 더 멀리, 더 많이 상승한다'에 베팅하려 한

다. 한 박자 늦었지만 지금부터라도 그 중심에 삼성전자가 있다고
확신한다.

: 시장에 순응하라

그러니 우리도 "이게 말이 돼? 이렇게 오르는 건 버블이야!"라며
외면하지 말고, 시장을 면밀히 들여다봐야 한다. 기업들의 체질적
변화를 확인했다면, 이번 기회에 반드시 참여해야 한다.

이제 '박스피'라는 낡은 상식과 고정관념은 과감히 버릴 때다.
한국 증시의 체질이 근본적으로 바뀌고 있으며, 글로벌 패권 전쟁
의 실질적인 수혜가 우리나라로 집중되고 있다는 사실을 직시해
야 한다.

사실 나조차도 한국에 장기투자를 권하고 있는 이 현실이 놀랍
기만 하다. 몇 년 전 유튜브 방송에서 누구보다 앞장서 "한국 시장
을 떠나라"고 외쳤던 사람이 바로 나였기 때문이다. 하지만 진정
한 투자자라면 시장의 흐름에 순응하고 변화를 겸허히 인정해야
한다. 그래야만 자본의 증식 기회를 잡을 수 있다.

마지막으로 노파심에 덧붙이자면, 아무리 강력한 상승장과 우
량한 종목이라도 반드시 조정의 구간은 찾아온다는 사실을 잊어

서는 안 된다. 따라서 자신이 감당할 수 있는 자산 범위 내에서 철저히 분산 투자하고, 일정 비중의 현금은 늘 보유해야 한다. 이 원칙을 지킬 때만이, 예고 없이 찾아오는 조정은 공포가 아닌 기회로 바뀔 수 있다.

ON BEING GOOD AT

· PART 5 ·

손실을 최소화하고 수익을 극대화하는 계좌 관리법

STOCK INVESTING

장의 흔들림에 버티는 힘, 포트폴리오에 있다

과거에 나는 120여 개에 달하던 종목 구성을 시장의 주도주와 압도적 기술력을 가진 20여 개의 핵심 종목으로 압축했다. 그 결과, 수익률이 지수 상승폭을 상회하며 가파르게 오르는 경험을 했다.

하지만 투자 시장이 어디 그리 만만하던가. 시장에 대폭락이 오면 그 어떠한 분석도, 투자 기술도 모조리 무너진다. 그동안 시장이 좋다고 외쳤던 전문가들은 자취를 감추고, 기회를 엿보던 폭락론자들이 시장을 장악한다. 투자 시장은 순식간에 사람들의 비명 소리와 고통으로 가득 차게 된다.

좋은 소식이 나와도 시장은 꿈쩍도 하지 않는다. "이번엔 다르다"며 모두가 세상의 종말을 이야기한다. 특히 코로나19 때와 같은 폭락은 이미 시장의 변동성에 대해 공부한 나 같은 사람조차 거의 죽음 직전까지 몰고 갔다.

하지만 사람은 고통받은 만큼 성장한다고 했던가. 죽음의 고비를 여러 번 넘기고 살아남은 나는 다시는 이런 고통을 겪지 않으리라 다짐하며 특단의 대책을 세우기 시작했다.

죽음의 문 앞에서 살아 돌아온 나는 며칠 밤을 뜬눈으로 지새우며 고민했다. 어떻게 하면 반복되는 폭락장에서 덜 고통스럽게 살아남을 수 있을까? 하지만 아무리 고민해봐도 답은 하나뿐이었다. 폭락이 오기 전에 도망가는 것 말이다.

유명한 애널리스트들 그리고 월가의 내로라하는 투자자들의 책과 영상을 찾아봤다. 그런데 놀랍게도 모두 한결같이 "폭락이 오기 전의 고점은 알 수 없다"라고 말하고 있었다.

폭락이 오기 전 귀신같이 도망갔다가 바닥에서 다시 사면 순식간에 엄청난 돈을 벌 수 있을 텐데, 왜 투자의 거장들은 하나같이 시장을 완전히 떠나지 말라고만 하는 걸까? 그리고 그들은 어떻게 시장을 떠나지 않고도 지금까지 저렇게 많은 수익을 낼 수 있었던 걸까?

며칠을 고민한 끝에 내린 결론은 단순하고 분명했다. 내가 계좌 수익을 자랑하고 싶을 때는 주식을 덜어내고, 내가 잠 못 이루고

식은땀을 흘릴 때는 주식을 더 사야 한다는 것이었다.

여기에 한 가지를 더 깨달은 것이 있었다. 모든 자산을 개별 종목으로만 가지고 있으면 매우 위험하다는 사실이었다. 폭락이 왔을 때 S&P500과 같은 지수는 역사적 하락 몇 번을 제외하고는 대개 20~30% 내외로 떨어졌다. 아무리 좋은 종목이라도 개별 종목은 최소 40~80%까지도 곤두박질쳤지만 말이다.

이를테면 2022년 1~12월 동안 나스닥100은 37% 하락했지만, 같은 기간 동안 대표적인 성장주인 테슬라는 무려 73%의 하락으로 개인투자자들에게 엄청난 손실을 안겨주었다.

아무리 학습된 사람이라도 개별 종목이 반토막, 심지어 5분의 1토막이 나는 모습을 보면 견디기가 어렵다. 피 같은 내 돈이 눈앞에서 사라지는 걸 지켜보는 고통은 말로 표현할 수 없다.

그래서 나는 결심했다. 하락을 피할 수 없다면 보다 효율적으로 견뎌내는 방법을 찾아보자. 그렇게 나의 포트폴리오를 구성하기 시작했다.

: 나의 포트폴리오 구성 비율

다음 그림은 내가 정립한 '투자적 인간'의 포트폴리오 구성안이다.

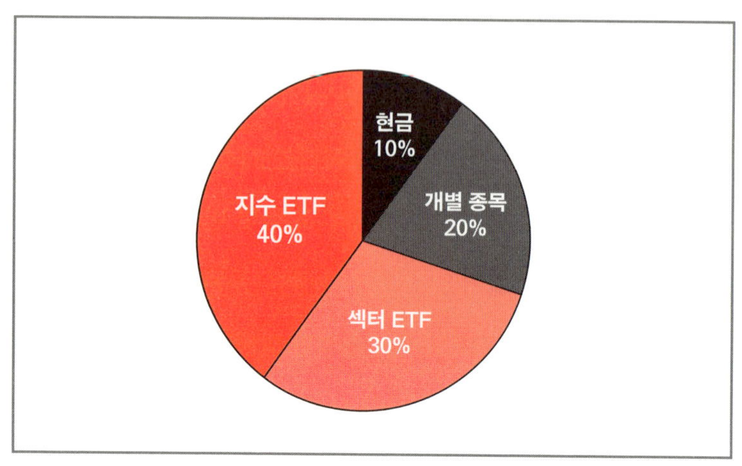

투자적 인간 육과장의 포트폴리오 구성

거센 변동성 속에서도 살아남아 소중한 투자금을 지키기 위해, 지수 투자 비중을 전체의 40%로 설정했다. 반도체와 AI 섹터의 성장은 확신하지만, 특정 종목에 과도한 비중을 실을 때 따르는 심리적 고통을 최소화하고자 섹터 ETF를 적극 활용하여 30%를 배분했다.

그럼에도 포기할 수 없는 것이 있었다. 초과 수익이었다. S&P 500보다는 더 많은 수익을 내고 싶었고, 자산을 더 키워야 한다는 열망이 남아 있었기에, 개별 종목 비중을 20%로 잡았다. 나머지 10%의 현금은 언제 닥칠지 모르는 폭락장에 대비해 외화어음에 예치해두었다. 연 5% 수준의 이자를 챙기면서도 필요할 때 즉시 현금화할 수 있는 외화어음은, 대기 자금조차 수익을 창출하게 만드는 훌륭한 전략적 자산이다.

　이렇게 나만의 포트폴리오가 완성되었다. 그런데 원금과 수익이 불어날수록 이를 지키는 일도 중요해졌다. 잃을 것이 많아질수록 방어의 필요성도 커지는 법이다. 그래서 앞으로는 미국 지수의 투자 비중을 점진적으로 늘려갈 계획이다. 나이가 들고 자산이 커질수록 안정성이 우선이라는 사실을 이제는 분명히 안다.

　사람들이 나에게 투자 조언을 구하면 항상 이렇게 말한다. 나이와 월급, 가족 구성, 결혼 여부, 본인의 투자 성향 등에 따라 비중을 달리해야 한다고 말이다. 20대 미혼이라면 개별 종목 비중을 40~50%까지 늘려 공격적으로 갈 수도 있다. 반면 40대에 자녀가 있다면 지수 비중을 60% 이상으로 가져가며 방어적으로 구성하는 것이 좋다.

　정답은 없다. 여러분 각자의 상황에 맞춰 공격과 방어의 비율을 조절하면 된다. 중요한 것은 자신의 상황을 정확히 파악하고, 그에 맞는 포트폴리오를 구성하는 것이다.

: 포트폴리오 구성 전후, 완전히 달라진 하락 대응법

내 포트폴리오가 완전히 자리 잡고, 주식의 고점과 저점을 맞힐 수 없다는 사실을 받아들인 순간부터 투자가 편안해졌다. 더 이상 타이밍을 맞히려 애쓰지 않았다. 그 대신 언제든 하락에 대응할 준비를 갖췄다.

포트폴리오를 구성한 이후 두 번의 큰 하락이 있었다. 2021년에서 2022년 사이의 하락과 2025년 4월의 하락이다.

코로나19 때는 나스닥이 약 30% 떨어지면서 세상이 망한다고 그야말로 난리였다. 하지만 2021년 말부터 2022년 10월까지의 하락은 37%가 넘었다. 더 깊고, 더 길었다.

이 과정에서 코로나19 상승장 때의 수익을 본인 실력이라 착각했던 사람들, 뒤늦게 포모를 느끼며 시장에 뛰어든 수많은 투자자들이 또다시 시장을 떠났다. 두 번의 폭락을 연달아 맞으며 결국 투자를 포기한 것이다.

하지만 나는 이때부터 완전히 달라졌다는 것을 실감했다. 지수 비중이 40%로 높았고, 2021년 가파른 상승 구간에서 현금 비중을 20% 이상 확보해둔 상태였다. 다른 사람들이 시장에서 피를 철철 흘리며 손절할 때, 나는 오히려 시장의 반등을 기다리며 하락할 때마다 지수와 종목들을 조금씩 더 사들였다.

거의 1년 동안 계속된 하락이라 나름 고생스러운 과정이었지만, 전혀 공포스럽지 않았다. 계좌가 다시 마이너스로 떨어지는 일도 없었다. 포트폴리오가 방패막이가 돼준 것이다.

이 시점이 바로 그간의 수많은 시행착오가 결실을 맺는 순간이었다. 나 스스로도 깨달았다. 좋은 종목을 고르는 것도 중요하지만, 계좌 관리와 비중 관리가 훨씬 더 중요하다는 것을 말이다.

그 경험 이후 나는 놀라운 심리적 변화를 겪었다. 앞으로의 하락이 기다려지기 시작한 것이다.

2024년 말부터 나는 내 유튜브에 "앞으로 하락이 온다. 현금 비중을 반드시 20% 이상 확보하라"는 영상을 공공연하게 올렸다. 이후에도 주식은 몇 달간 계속 상승했고, 나는 잠깐 동안 조롱을 받기도 했다. "틀렸네", "하락론자의 패턴"과 같은 댓글들이 내 유튜브 채널에 달렸다. 하지만 하락은 2025년 4월에 찾아왔다.

이미 준비가 되어 있던 나는 거침이 없었다. 10%가 떨어질 때 얼마를 사고, 20%가 떨어질 때 얼마를 더 살지, 그리고 어떤 종목에 비중을 실을지 매뉴얼이 다 있었다.

나는 계획대로 주식을 매수했다. 결과는 놀라웠다. 폭락했던 주가는 단 두 달 만에 전고점을 회복했다. 그리고 내 계좌에는 전고점 당시보다 훨씬 많은 수익금이 찍혔다. 하락 구간에서 싸게 산 주식들이 빠르게 반등하면서 수익률이 급등한 것이다.

이 경험이 내게 남긴 것은 단순한 수익금만이 아니었다. 계획한 대로 실행하고, 그 결과를 성취로 확인한 경험, 그 자체가 투자에 대한 확신을 만들어주었다.

이제 나는 실패할 수 없는 구조를 갖췄다. 시장이 오르든 내리든, 나는 대응할 준비가 되어 있다.

섹터 ETF 투자가 갖는 전략적 우위

내 포트폴리오에서 지수 투자 다음으로 큰 비중을 차지하는 것은 섹터 ETF다. 섹터 ETF란 반도체, 제약, 바이오처럼 비슷한 사업을 하는 상장 기업들을 하나로 묶어 지수화한 상품이다.

내가 섹터 ETF를 선택한 가장 큰 이유는 개별 종목을 고르는 과정에서 발생하는 실수를 피하기 위해서다.

예를 들어 반도체를 보자. 나는 아주 오래전부터 반도체 산업의 성장에 대한 확신을 갖고 있었다. 산업이 고도화되고 기계화가 진행되며 AI가 등장하더라도, 결국 대부분의 기술 발전은 반도체 수요 증가로 이어질 수밖에 없다고 판단했다.

하지만 개별 종목을 고르는 일은 생각보다 훨씬 어려웠다. 지금이야 엔비디아가 독보적인 지위를 차지하고 있지만, 당시만 해도 상황은 달랐다. 오히려 AMD가 시장을 주도하던 시기였다. 앞으로 어떤 기업이 부상할지 누구도 확신할 수 없었다.

한 번 선택하면 10년 이상 팔지 않을 종목을 골라야 한다는 부담 속에서, 고민 끝에 내가 내린 결론이 바로 반도체 섹터 ETF였다. 이 ETF에는 내가 검토했던 주요 우량 종목 대부분이 담겨 있었다.

물론 개별 종목에 비해 수익률이 더딜 수 있다는 점은 알고 있었다. 그럼에도 팔지 않고 오래 보유한다면 결국 이길 수 있다고 생각했다.

이처럼 확신이 있는 섹터 ETF에는 과감하게 비중을 실었다. 나는 1억 원이라는 적지 않은 금액을 반도체 섹터에 투자했고, 계좌를 아예 분리해 일부러 자주 들여다보지 않았다.

2025년 2분기 반도체가 다시 주목받으며 급등했을 때, 오랜만에 계좌를 열어보니 수익률은 어느덧 100%를 훌쩍 넘어서 있었다. 나는 그 계좌 화면을 캡처해 유튜브 커뮤니티에 올리며, 섹터 ETF 투자를 권하곤 했다.

섹터 ETF 투자의 핵심은 인류가 생존하는 한 결코 사라지지 않을 산업, 그리고 AI 기술이 고도화될수록 그 가치가 비약적으로 커질 산업을 선별해 장기 보유하는 데 있다. 개별 종목의 폭발적인 급등락에 비하면 그 속도는 다소 더디게 느껴질지 모른다. 하지만 조급함을 내려놓고 시간을 내 편으로 삼는다면, 시장의 풍파 속에서도 흔들리지 않는 꾸준한 수익을 만들어낼 수 있다.

우리는 지금 이 순간에도 성장할 섹터를 충분히 떠올릴 수 있다. 반도체, 헬스케어, 혁신 의료기기, 그리고 반려동물 산업처럼 인구 구조와 기술의 변화 속에서 확정된 미래를 향해 나아가는 분야들 말이다.

섹터 ETF 투자는 개별 종목에 비하면 성장 속도가 완만해 보일 수 있지만, 개별 종목 투자에서 발생하는 대부분의 리스크를 제거해준다. 복잡한 분석이 없어도, 보편적이고 상식적인 사고만으로 접근할 수 있다는 점이 가장 큰 장점이다.

: 데이터 분석의 함정을 피하라

나는 강의나 유튜브에서 종종 "공부를 하지 말라"라고 말하곤 한다. 자칫 위험한 발언처럼 들릴 수 있지만, 내가 말하는 '공부'란 데이터를 통해 주가를 예측하려는 공부를 뜻한다.

시장은 데이터로 가득 차 있고, 그 데이터를 근거로 한 정보 역시 끝없이 쏟아진다. 그중에서도 특히 자주 등장하는 것이 '미국 국채 장단기 금리 차가 역전되면 반드시 폭락이 온다'라는 분석이다.

장단기 금리 차 역전이란 2년물과 같은 단기 국채 금리가 10년물과 같은 장기 국채 금리보다 높아지는 현상을 말한다. 일반적으로는 장기 금리가 단기 금리보다 높은 것이 정상인데, 이 관계가 뒤집히면 경기 침체의 신호로 해석된다. 실제로 과거 여러 차례 경기 침체 이전에 이런 현상이 나타났던 것도 부인할 수 없는 사실이다.

그 때문에 한동안 이 지표는 시장을 지배하는 이론처럼 받아들여졌고, 시장이 흔들릴 때마다 수많은 전문가와 유튜버들이 이 지표를 근거로 경고를 쏟아냈다.

하지만 2022년 8월 시작된 장단기 금리 차 역전 이후에도 시장은 보란 듯이 상승 랠리를 이어갔고, 예상은 빗나갔다. 그러자 그토록 요란했던 장단기 금리 역전론은 어느새 자취를 감췄다. 이제는 누구도 그 이론을 입에 올리지 않는다. 마치 애초에 존재하지 않았던 일처럼, 시장의 기억 속에서 깨끗이 지워진 것이다.

과거 몇 차례 적중했던 데이터의 경험을 맹신한 나머지, 모든 주식을 매도하며 시장을 떠나는 이들이 있다. 안타깝게도 이들 중 상당수는 다시는 주식시장으로 돌아오지 못했다. 자신이 매도한 가격보다 훨씬 비싸진 주식을 다시 사들이는 것은, 인간의 심리 구조상 아주 힘든 일이기 때문이다.

각종 데이터는 어떤 일이 벌어진 뒤, 그 결과에 맞춰 해석되는 과정에서 분석가의 입맛에 따라 얼마든지 왜곡될 수 있다. 그래서 같은 데이터를 두고도 누군가는 위기를 말하고, 누군가는 기회를 말한다.

결국 데이터는 과거를 설명할 수는 있어도, 미래를 정확히 예측하는 데는 분명한 한계가 있다. 하지만 정보를 팔아야 먹고사는 수많은 미디어는 매일의 시장 움직임에 각기 다른 데이터와 이유를 덧붙여 해석을 내놓는다. 처음에는 그럴듯해 보이지만, 투자를 오래 하다 보면 알게 된다. 그들 역시 확신이 있어서가 아니라, 기계적으로 떠들고 있을 뿐이라는 사실을 말이다.

심지어 스스로는 투자조차 하지 않으면서 정보만 끊임없이 팔아 생계를 유지하는 사람들도 적지 않다.

나 역시 이런 과정을 수없이 겪었다. 이름이 알려진 방송인을 추종하기도 했고, 오프라인 강연에 빠지지 않고 참여하기도 했다. 심지어 '마음공부'까지 하며 그 사람의 말투와 행동 하나하나를 따라 하려 애쓴 적도 있다.

하지만 내 투자 실력은 좀처럼 나아지지 않았다. 내가 믿었던 사람들은 위기가 오면 "버텨라"라는 말만 반복하거나, 어느 순간

방송에서 사라져버렸다.

이런 경험이 쌓이면서 나는 데이터와 분석에 대한 의존을 줄이고, 그 대신 고전 투자자들의 사고방식과 철학에 관심을 두게 되었다. 그중에서도 가장 대표적인 인물이 바로 워런 버핏이다.

: 대가에게 배운 진짜 교훈

버핏을 공부하면서 알게 된 흥미로운 사실은, 그도 처음에는 지금과 같은 장기투자자가 아니었다는 점이다. 투자 초기에 버핏은 이른바 '담배꽁초 투자(Cigar Butts Investment)'를 즐겨 했다. 담배꽁초 투자란 길바닥에 버려진 담배꽁초를 주워 한 모금만 더 빨아먹고 버리듯, 망하기 직전에 폭락한 기업의 주식을 싸게 사서 약간의 수익을 얻은 뒤 바로 파는 단기 투자 방식을 말한다. 기업의 미래 가치보다는 잠깐의 폭락과 망하기 전 숏커버를 먹는 전략에 집중했던 것이다.

하지만 그가 이런 투자를 멈추고 진정한 가치 투자자로 전환할 수 있었던 계기는 두 사람과의 만남 덕분이었다. 먼저 훌륭한 스승 벤저민 그레이엄을 통해 가치 투자의 개념을 배웠고, 이후 선배이자 평생의 동료가 된 찰리 멍거와 함께하며 "싸구려 기업을 사는 것보다 훌륭한 기업을 적정한 가격에 사서 오래 보유하는 편이 낫다"는 철학에 도달했다. 그렇게 워런 버핏은 오늘날 존경받는 투자자로 자리 잡았다.

버핏의 투자 철학은 명확했다. "10년을 보유하지 않을 거라면 단 10분도 보유하지 마라". 이 말은 그의 유명한 원칙 중 하나다.

하지만 그의 투자 궤적을 자세히 들여다보면, 세간에 알려진 이야기와 실제 매매의 행보 사이에 괴리가 있다. 그는 늘 인내와 장기투자의 미덕을 강조했지만, TSMC와 같은 종목은 단 수개월 만에 전량 매도했고, 애플은 포트폴리오의 60%를 단숨에 채울 만큼 과감하게 비중을 싣기도 했다.

또한 주가가 오르면 반드시 일부를 매도하고, 일정 시기에는 상당한 현금을 보유한 채 단기 채권에 투자하며 기회를 기다렸다. 그리고 주가가 폭락하면 해당 기업과 직접 거래를 통해 시장가보다 더 싸게 대량 지분을 사들이거나, 아예 기업 자체를 인수해버렸다.

즉, 천하의 장기투자자라 불리는 워런 버핏조차도 주가가 자신이 판단한 수준 이상으로 상승하면 수확을 하고, 다음 기회를 위해 현금을 준비한다는 뜻이다.

이 전략은 버핏만의 것이 아니다. 투자에서 오래 살아남은 대부분의 거장들이 공통적으로 실천해온 방식이다. 그래서 그들은 시장에 오래 살아남을 수 있었다.

하지만 우리는 어떤가. 초반에는 소심하게 투자하다가도 상승장에 취하면 남의 돈까지 끌어다 쓰고, 결국 큰 손실을 입는 행동을 반복하지 않는가.

나는 투자의 바이블이라 불리는 고전들을 읽으며 중요한 교훈을 얻었다. 시장에 순응해 투자하되, 언제든 폭락이 올 수 있다는 가능성을 항상 염두에 두어야 한다는 것, 그리고 폭락의 순간에는 반드시 현금이 필요하다는 사실이다.

물론 이런 통찰은 수많은 실패를 겪은 뒤에야 제대로 체화됐다. 하지만 돌이켜보건대, 만약 고전과도 같은 투자서들을 미리 접하지 못했다면, 나는 코로나19라는 전대미문의 폭락장 속에서 공포를 이기지 못한 채 모든 주식을 손절하고, 시장을 영영 떠나버렸을지도 모른다.

: 장기투자가 어려운 이유

바야흐로 10년도 훌쩍 넘은 이야기다. 회사에서 국내 주식 투자에 한창 열을 올리던 시절, 나는 투자 모임에 참여해 여러 투자자들과 함께 종목을 발굴하고 기업을 분석하며 나름의 공부를 하고 있었다.

모임에서 참석자들은 각자 자신이 매수 중인 종목에 대해 투자 근거와 논리를 펼쳐 보였고, 때로는 서로의 수익률을 가감 없이 공유하며 성과를 확인하기도 했다. 그중에는 나보다 연배가 훨씬 높은 선배 투자자들도 적지 않았는데, 그들이 운용하는 투자금 규모에 놀라곤 했다.

특히 기억에 남는 사람이 한 명 있다. 투자 모임을 계기로 부부 동반 모임까지 따로 가질 만큼 가까워졌던 친구다. 그는 나보다 나이가 어렸지만, 장기투자에 대한 철학만큼은 확고했다.

종목 공부를 게을리하지 않았고, 월급의 일부를 꾸준히 시장에 투자하고 있었다. 보유한 종목이 자신이 정한 수준에 도달하기 전에는 절대 팔지 않겠다고 했고, 일부 종목은 아예 매도하지 않겠다는 말을 자주 했다.

당시 내 기준으로는 그의 선택이 적절해 보이지 않았기에, 우려 섞인 마음으로 몇 차례 매도를 권하기도 했다. 하지만 그는 흔들리지 않았고, 실제로 수익도 잘 나고 있었다. 결국 그는 자신의 방식대로 가보겠다고 했고, 나는 자신의 논리를 믿고 나아가는 그런 태도가 참 멋지다고 생각했다.

회사의 근무 형태가 바뀌고 내가 퇴사를 선택하면서, 그 친구와는 자연스럽게 연락이 뜸해졌다. 그렇게 서로의 소식을 모르고 지내던 중, 전 세계를 덮친 코로나19 폭락장이 시작됐다. 나 역시 속절없이 무너지는 계좌를 보며 매일 밤 불면증에 시달려야 했고, 그 어느 때보다 힘든 시기를 보냈다.

그러다 위기가 지나가고 어느 정도 정신을 차렸을 무렵, 문득 그 친구가 떠올랐다. 그 처절했던 하락장 속에서도 그는 과연 자신의 철학을 꺾지 않고 버텨냈을까. 계산해보니 그는 이미 7년이라는 긴 세월 동안 계좌를 지켜온 셈이었다.

휴대전화의 연락처를 뒤져 보니 아직 그의 전화번호가 남아 있었다. 곧바로 전화를 했고, 다행히 그는 전화를 받았다. 잠깐 안부 인사를 나눈 뒤, 나는 더 이상 참지 못하고 가장 궁금했던 질문을 던졌다.

"너, 투자하던 거 지금도 유지하고 있니?"

잠시 말을 고르던 그는 코로나19 폭락장까지 계좌를 유지했다고 털어놨다. 하지만 급락을 피하지 못했고, 큰 손실을 입은 채 한동안 발만 동동 굴렀다고 했다. 그리고 하락세가 멈추고 손실이 간신히 회복됐다고 느낀 시점에서, 그는 모든 종목을 전량 매도했다고 했다.

그렇다. 아무리 강한 확신을 가졌던 사람이라도 거대한 하락의 공포를 정면으로 마주하고 나면, '더블딥이 온다'거나 '이번엔 다르다'는 식의 우려 섞인 뉴스 앞에서 무력해지기 마련이다. 그 역시 본전 근처에 도달하자마자 매도 버튼을 누르고 말았다.

그리하여 그는 코로나19 이후 전개된 유례없는 상승장을 단 한 번도 온전히 누리지 못한 채 시장 밖으로 밀려났다.

이것이 장기투자의 냉혹한 현실이다. 장기투자는 이성과 지식의 영역이 아니라 인내와 공포의 영역이다. 큰 하락장이 찾아오면, 그동안 스스로를 붙들어왔던 모든 논리마저 한순간에 힘을 잃는다.

더구나 요즘처럼 유튜브를 비롯한 SNS에 온갖 정보가 넘쳐나는 시대에, 장기투자에 대한 신념은 바람 앞의 촛불처럼 위태롭다. 특히 빠른 성과를 중시하는 한국인의 기질상, 장기투자는 그야말로 고통스러운 인고의 과정이 되기 일쑤다. 실제로 한 리서치 기관의 조사에 따르면, 한국인의 평균 주식 보유 기간은 8.6개월에 불과하다. 조사 대상 144개국 중 하위 4위에 해당하는 수치다.

바로 이 점 때문에, '미국 주식은 장기투자하면 무조건 성공한다'고 굳게 믿는 사람일수록 철저한 포트폴리오 구성이 더욱 절실하다. 막연한 낙관론만으로는 하락장의 공포를 이겨낼 수 없기 때문이다. 장기투자는 대중이 상상하는 것보다 훨씬 더 험난한 여정이다.

아무리 탁월한 종목이라도 고점 대비 −60%의 골짜기를 지나기 마련이고, 아무리 견고해 보이는 시장도 납득할 만한 이유조차 없이 30~50%씩 폭락하곤 한다.

지금 이 글을 읽는 독자들은 내가 적어 내려가는 이 가혹한 마이너스 수치들을 온전히 실감하지 못했을 것이다. 부동산을 제외한 전 재산을 계좌에 넣고 실전 투자를 하고 있는 상황이 아니기 때문이다. 그러나 언젠가 노동 소득을 자본 소득으로 전환해야 한다는 현실을 받아들이고 본격적인 투자를 시작하는 순간, 마주하게 될 상황이다.

그러니 장기투자를 꿈꾼다면, 반드시 포트폴리오를 구성해 극심한 변동성 속에서도 끝까지 살아남을 수 있는 토대를 마련해야 한다.

나는 강연에서 늘 이렇게 말한다. 노동 소득을 하루빨리 자본 소득으로 전환하고, 우량 자산에 장기투자하는 삶을 살아야 한다고. 그리고 그런 삶을 선택한 사람들을 나는 신인류, 즉 '투자적 인간(Homo Investus)'이라 부른다.

이렇게 말하는 데는 이유가 있다. 장기투자란, 인간의 본능을 거스르며 스스로를 진화시켜나가는 과정과 닮아 있기 때문이다.

시장이 흔들릴 때 깨닫게 되는 배당주의 가치

투자 초창기에 나 역시 배당주의 매력에 빠져 적지 않은 금액을 쏟아부었다. 국내 시장에서 쓰라린 패배를 거듭하며 얻은 교훈은 무엇보다 '안정적인 수익'이 간절하다는 사실이었기 때문이다.

하지만 시장을 이해하는 안목이 깊어질수록 나의 선택은 점차 공격적으로 변해갔다. 지키는 투자도 중요하지만, 결국 자산의 체급을 키우기 위해서는 더 높은 성장성을 가진 기업에 올라타야 했기 때문이다. 배당주를 거쳐본 투자자라면 누구나 한 번쯤, 성장이냐 안정이냐를 두고 나와 비슷한 고뇌의 과정을 통과했을 것이다.

그래서 이제부터는 내가 배당주에 투자할 때 사용하는 선별 기준과 주의할 점, 그리고 그럼에도 불구하고 왜 배당주 투자가 필요한지에 대해 내 기준으로 이야기해보려 한다.

: 배당주를 선별하는 기준과 주의할 점

처음 배당주 투자를 시작할 때, 대다수는 이름만 들어도 알 법한 유명 종목에 먼저 손이 가기 마련이다. 우리가 접하는 정보의 상당량이 유튜브나 SNS와 같은 미디어의 알고리즘을 통해 전달되기 때문이다.

그 결과, 최근 몇 년간 가장 유행했던 종목이 바로 SCHD(슈드)였다. 이 배당 ETF는 배당률 자체는 3%대에 불과하지만, 매년 배당을 계속해서 늘려왔다는 점에서 인기를 끌었다. 즉 높은 배당수익률이 아니라, 배당성장률로 주목을 받은 것이다. 실제로 최근 2년간 배당으로 수익을 냈다고 말하는 유튜브 출연자들 가운데 상당수가 SCHD를 언급할 정도였다.

하지만 시간이 지나 2025년 4월 시장 하락 이후를 돌아보면, 나스닥100이 약 55% 상승하는 동안, SCHD는 고작 16% 오르는 데 그쳤다. 배당을 감안하더라도, '가장 안전하다'고 여겨지던 지수 투자보다 현저히 낮은 성과였다. 그 지점에서 사람들의 기대는 실망으로 바뀌었다.

그래서 한동안 유튜브에서는 'SCHD를 버립니다', '다시는 배당주에 투자하지 않겠습니다'와 같은 자극적인 썸네일이 넘쳐났다. 유행처럼 번졌던 찬사가 뒤바뀐 것이다.

이처럼 안정적인 투자를 하겠다는 초심은 지수 대비 수익률에 뒤처지는 순간 무너지고 만다. 그리고 지루함을 참지 못한 투자자들은 배당주가 상승의 꼭지에 다다랐을 때 이를 내던지고, 다른 급등주로 갈아타는 치명적인 실수를 반복한다. 왜 이것이 돌이킬 수 없는 실수인지는 이 글의 마지막에서 상세히 다루기로 하겠다.

그래서 배당주를 선택할 때는 단순히 배당수익률만 볼 것이 아니라, 지수상승률과 배당금을 합쳐 총수익률이 어느 정도 되는지, 그리고 왜 이 배당주를 포트폴리오에 편입하려 하는지를 처음부터 깊이 고민해야 한다.

나 역시 수많은 시행착오를 거친 끝에, 수년 전부터 배당 ETF 비중의 상당량을 유틸리티 섹터인 XLU에 집중하고 있다. 이 종목의 수익률이 시장 지수를 하회할 수 있다는 사실은 충분히 인지하고 있다. 그럼에도 XLU를 선택한 이유는, 미국이라는 국가가 건재하는 한 결코 멈추지 않을 전력, 가스, 수도 등 핵심 인프라에 투자하는 상품이기 때문이다. 어떤 경제 위기 속에서도 구조적으로 버텨낼 수 있다는 점이 나에게는 안심이 되었다.

이 ETF에 투자한 지 수년이 지난 현재, AI 데이터센터 확산으로 인한 전력 부족이라는 거대한 사이클과 맞물리며 주가 역시 가파르게 상승하는 행운을 누리고 있다.

: 배당주 투자는 왜 필요한가

이제 SCHD와 같은 배당주를 고점에서 정리하고 다른 종목으로 갈아타는 것이 왜 실수인지 설명해보겠다.

지수 투자보다 수익률이 낮아 보이는 배당주라 하더라도, 나는 포트폴리오 안에 반드시 일정 비중을 두어야 한다고 생각한다. 그 비중이 크지 않아도 괜찮다. 그 이유는 장기투자를 이어가는 과정에서 우리는 반드시 '폭락'이라는 구간을 마주하게 되기 때문이다.

지금은 폭락이라는 단어를 비교적 담담하게 쓰고 있지만, 실전에서 겪는 폭락은 결코 그렇지 않다. 수년간 공들여 쌓아 올린 탑이 한순간에 무너져내리는 광경은 처참하다. 수익을 내며 누렸던 찰나의 기쁨은 순식간에 깊은 절망과 패배감으로 뒤바뀌고, 그 체감은 말 그대로 지옥에 가깝다.

그런 폭락 국면에서 계좌를 들여다보다 보면, 유독 눈에 들어오는 종목이 하나 있다. 바로 배당주다.

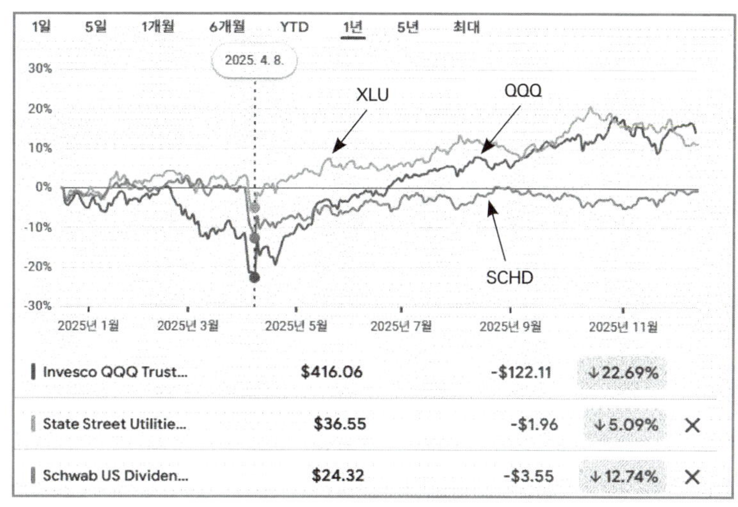

2025년 4월 폭락 당시 ETF별 하락률 비교

출처: 구글 파이낸스

멀리 갈 것도 없이 2025년 4월을 예로 들어보자. 위 그래프에서 보듯, 나스닥100을 추종하는 QQQ는 한 달 남짓한 짧은 기간에 약 23%가 하락하며 큰 폭락을 겪었다. 지수가 23% 급락했다는 것은 시장 전체가 패닉에 빠졌음을 의미한다. 이 정도 하락장이 오면 웬만한 우량주조차 고점 대비 40% 이상 밀려나기 일쑤고, 변동성이 큰 소형주들은 -60% 수준의 처참한 낙폭을 기록하며 계좌를 망가뜨린다.

그런데 그래프에서 확인할 수 있듯, 대표적인 배당주인 SCHD는 -12.74%, 내가 큰 비중으로 보유 중인 XLU는 -5.09%가 하락하는 데 그쳤다. 지수가 -23% 가까이 폭락한 상황에서, 두 종목 모두 상당히 선방한 셈이다. 특히 4월 내내 내 계좌를 가장 든든하게 지켜준 1등 공신을 꼽자면 단연 XLU였다.

이처럼 배당주는 개별 기술주에 비하면 지루하고 따분해 보일 수 있다. 하지만 위기의 순간에는 계좌를 지켜주는 확실한 버팀목이 된다. 그래서 공격적인 성장주 위주로 포트폴리오를 꾸리는 나조차도 XLU만큼은 큰 비중으로 유지하고 있다.

높은 성장을 기대하며 과감하게 올라탈 개별주도 투자에선 분명 필요하다. 하지만 위기가 닥쳤을 때 가장 먼저, 그리고 가장 크게 흔들리는 자산 역시 개별주라는 사실을 잊어서는 안 된다.

부디 포트폴리오를 구성할 때, 배당주를 함께 가져가길 바란다. 그것이 여러분의 계좌를, 그리고 무엇보다 여러분의 마음을 끝까지 시장에 머물게 할 유일한 생존 전략이기 때문이다.

다만, 이제 막 투자를 시작했거나 투자금이 적은 소액 투자자가 처음부터 배당주에 큰 비중을 두는 것에는 반대한다. 자산을 공격적으로 불려나가야 할 시기에는 어느 정도의 리스크를 감수하더라도 성장주에 집중하는 결단이 필요하기 때문이다. 자산이 늘어날 때, 그때 수익의 일부를 배당주와 시장 지수로 나누는 방식이 더 합리적이다. 그렇지 않으면 수익이 너무 적어 투자 의지가 빠르게 꺾이고, 결국 올바른 투자에 정착하지 못한 채 레버리지나 급등주로 시선이 옮겨가게 되기 때문이다.

변동장에서 욕심을 제어하는 법

짤짤이 매매에 대해

반복되던 손실을 끊어내고 나만의 투자 기준을 세우자, 비로소 수익이 궤도에 오르기 시작했다. 그러자 마음속에서 새로운 야망이 고개를 들었다.

수익이 쌓일수록 자신감은 오만함으로 바뀌었고, 앞으로 치고 나갈 섹터가 눈에 뻔히 보인다는 착각이 들기 시작한 것이다. '답이 이렇게 명확하게 보이는데 굳이 소액으로 분산 투자를 할 필요가 있을까?', '확실한 종목이나 섹터에 한 번 크게 베팅해야 자산도 빠르게 불어나는 게 아닐까?'와 같은 위험한 생각들이 머리를 채웠다.

인간의 욕망은 실로 끝이 없다. 그렇다면 그런 욕망을 나는 어떻게 인식했고, 또 어떻게 통제할 수 있었을까.

: 6개월 만에 2,600만 원 수익을 낸 시스템

투자에 대한 자신감이 하늘을 찌르던 어느 날, 급등하는 시장의 속도에 비해 내 계좌의 성장은 유난히 더디게 느껴졌다. 수많은 실패 끝에 힘들게 세운 나만의 원칙도 그 순간만큼은 흐릿해졌고, 한 종목에 비중을 실어 더 빨리 돈을 벌고 싶다는 욕망이 고개를 들었다. 그리고 나는 생각에서 멈추지 않고, 결국 실행으로 옮겼다.

인간은 참으로 망각의 동물이다. 대기 중이던 현금성 자산을 한 종목에 크게 투입했고, 마치 누군가 보고 있기라도 한 듯 그 종목은 곧바로 하락했다. 손실이 커지자 결국 손절을 할 수밖에 없었다. 나는 다시는 같은 짓을 반복하지 않겠다고 수없이 다짐했다.

하지만 이후에도 이런 욕망은 계속해서 밀려왔고, 나는 이 욕망을 피하지 않고 정면으로 대면하기로 마음먹었다. 그래서 계좌를 분리하고 일정 금액만 넣어서 레버리지 매매를 해보기로 했다. 그곳에서는 마음껏 공격적인 매매를 해보자고 생각했다.

마침 계좌를 분리하려던 때에 달러 환전 수수료를 100% 감면

해준다는 이벤트가 있어서, 토스증권으로 5,000만 원을 이체했다. 이 돈은 잃으면 더 이상 레버리지 매매는 하지 않겠다고 스스로에게 맹세하고, 3배, 2배짜리 레버리지 매매를 시작했다.

'잃어도 된다'는 생각에 부담이 없어서였을까. 레버리지 매매는 의외로 순조롭게 흘러갔고, 사고팔기를 반복하는 과정 속에서 나는 내 욕망의 불씨를 어느 정도 다스릴 수 있었다.

하지만 고변동 상품을 다루는 일은 결코 쉽지 않았다. 손실이 나기 시작했고, 매매를 잘한다고 믿고 있던 내 자존심에도 금이 가기 시작했다.

그래서 나는 특단의 조치를 취했다. 내가 운영하는 유튜브 채널에서 '짤짤이 매매'를 하겠다고 선언하고, 계좌를 전면 공개하기로 한 것이다.

그 이후로 나는 매매 패턴을 완전히 바꿨다. 몇 차례의 시행착오 끝에, 레버리지는 일정 수준 이상 하락하지 않으면 추가 매수를 하지 않는 방식으로 대응하기로 했다. 하락 구간을 −40%, −60%, −75%처럼 명확히 구분했고, 해당 구간에 도달하기 전까지는 한 종목당 250만 원의 비중만 유지했다.

상승 국면에서는 전고점을 돌파하는 구간마다 일부를 매도하고, 다시 하락하면 250만 원을 채우는 방식을 반복했다.

그 결과 불과 6개월 만에 2,600만 원의 수익을 기록했다.

육과장의 단기간의 짤짤이 매매 결과(2024)

지금도 이 계좌에서 매매를 계속하고 있다. 말하자면, 이 계좌는 나의 도박적 욕망을 통제된 방식으로 해소하는 공간이다.

감정의 동요나 욕망이 장기투자를 흔들려 할 때는, 이렇게 해소할 출구를 마련해 대응해야 한다. 인간은 생각보다 훨씬 나약한 존재라서 언제든 마음이 바뀔 수 있다.

장기투자는 어느 순간 답답하게 느껴지고, 상승장에 취해 불나 방처럼 뛰어들다 전 재산을 날릴 위험도 늘 존재한다.

짤짤이 매매를 할 때 내가 주로 다뤘던 상품은 SOXL, TQQQ, TSLL 같은 레버리지 ETF였다. 그중에서도 3배 레버리지 상품인 SOXL은 주가가 10%만 하락해도 30%가 빠지는, 말 그대로 극단적인 변동성을 가진 상품이다. 그래서 나는 -40% 이상 하락하지 않는 한 절대 비중을 늘리지 않았다. 얕은 하락 구간에서 계속 물을 타다 보면, 정작 매수해야 할 깊은 하락 구간에서 쓸 수 있는 자금이 사라진다는 사실을 이미 여러 번 경험했기 때문이다.

처음에는 욕망을 해소하기 위한 목적으로 레버리지 매매를 시작했지만, 그 과정에서 오히려 변동성을 견디는 법과 깊은 하락 구간에서 비중을 늘려 반등을 포착하는 종목 운용 방식을 더 제대로 이해하게 되었다.

짤짤이 매매를 하며 또 하나 분명히 확인한 사실이 있다. 아무리 위험해 보이는 매매라도, 자기 절제와 시스템이 갖춰져 있다면 수익을 낼 수 있다는 점이다. 그리고 그 과정에서 비중 관리가 얼마나 중요한지도 다시 한 번 절실히 깨달았다.

계좌를 공개한 뒤에는 손실이 나면 창피하다는 두려움이 생겼다. 그래서 하락이 충분히 깊지 않으면 아예 매수하지 않는 전략을 고수했다. 결과적으로 그 두려움이 나에게 가장 중요한 교훈을 남겼다.

레버리지처럼 변동성이 극단적인 상품에서도 수익을 좌우하는
핵심은, 결국 '비중 관리'라는 사실이었다.

적은 비중으로
더 큰 수익을 올리는 비결

주변에서 주식투자를 하는 지인들의 계좌를 볼 기회가 생길 때마다 적잖이 놀라곤 한다. 평소 직장생활이 힘들다며 한 푼이 아쉽다고 하소연하던 사람들이, 정작 계좌를 열어보면 억대에 가까운 자금을 단 한 종목에 '몰빵'하고 있는 경우가 많기 때문이다.

물론 아껴서 모은 돈으로 오랜 시간 장기투자한 결과라면 놀랄 일이 아니다. 진짜 문제는 투자를 업으로 삼는 전문가도 아닌 평범한 직장인이, 단 한 번의 판단으로 억대 자금을 특정 종목에 전부 밀어넣고 있다는 점이다.

이 정도 거금을 태웠다면 나름의 확실한 근거가 있지 않을까 싶어 몇 마디 더 나눠보면, 돌아오는 대답은 더욱 가관이다. 본인이 즐겨 보는 유튜브에서 추천한 종목들 중, '주가가 가장 덜 올라서', '앞으로 제일 많이 오를 것 같아서' 선택했다는 논리다.

입안에 조언이 맴돌았지만 괜한 오지랖이 될까 싶어 입을 다물었다. 투자에 정답은 없기에 그저 안타까운 마음으로 지켜볼 수밖에 없었다. 그리고 시간이 흐른 뒤, 그 지인의 지인에게 넌지시 안부를 물었을 때 돌아온 답변은 예상에서 벗어나지 않았다.

"그 친구? 이제 주식 안 한대."

우리의 투자는 항상 이런 식이다. 투자에 대해 모르면서 투자를 너무 쉽게 생각한다. 마치 시장 골목의 야바위처럼 돈 놓고 돈 먹는 게임 정도로 여긴다. 한 판에 만 원쯤 하는 게임이라면 한 번쯤 해볼 만하지만, 수십 년을 모은 피 같은 돈을 단판 승부에 걸려 하니 아찔할 따름이다.

나는 감정의 동요를 최소화하고, 계좌를 장기적으로 운용하는 방식으로 오히려 더 큰 수익을 낼 수 있는 방법을 찾았다. 이제부터 그 계좌 관리 방법을 차근차근 소개해보겠다.

투자를 신중하게 해야 한다거나 공부가 먼저라고 말하면, 사람들은 대개 읽을 만한 책부터 추천해달라고 한다. 하지만 나는 정반대의 제안을 한다. 우선 마음에 드는 종목이 있는지 묻고, 그 종목을 일단 매수해보라고 권하는 편이다.

공부도 되지 않은 상태에서 덜컥 종목을 사는 것이 위험해 보일 수도 있다. 하지만 나를 포함한 대부분의 사람들은 직접 매수 버튼을 누르기 전까지는 '언젠가 투자해야지'라는 생각만 무한히 반복한다. 그러다 시간이 흘러 저만치 급등한 주가를 확인하고 나서야 뒤늦게 후회한다.

그 순간만큼은 '이번에는 꼭 공부해야지'라고 다짐하지만, 불과 10분만 지나도 그 결심은 증발하고 만다. 결국 아무것도 실행하지 않은 채 일상으로 돌아가는 것이다.

하지만 일단 종목을 매수해 내 계좌에 숫자가 찍히는 순간, 상황은 완전히 달라진다. 시키지 않아도 자연스럽게 매일 주가의 등락을 들여다보게 되기 때문이다. 주가가 떨어지면 대체 왜 떨어졌는지, 다시 오를 근거는 없는지 필사적으로 찾아보기 시작한다. 바로 그 지점이, 텍스트가 아닌 '현장'에서 시작되는 진짜 공부의 출발점이다.

무슨 일이든 시작이 가장 중요하다. 모든 것을 완벽하게 갖춘 뒤에 움직이려는 사람은, 결국 아무것도 시작하지 못한다.

나는 오래전부터 이런 방식으로 일을 처리해왔다. 낚시를 좋아하던 시절, 배를 몰고 나가려면 조정 면허를 따야 했다. 하지만 조정 면허 공부는 쉽지 않았고 비용도 만만치 않았다. 그러다 보니 자꾸만 미루게 되었다.

그래서 특단의 조치를 내렸다. 바로 엔진을 먼저 사버린 것이다. 당시 중고 엔진 가격이 한 달 급여 정도로 부담스러웠지만, 일단 구매해 집에 들여놓고 매일 눈에 띄게 만들었다. 결국 사놓은 엔진이 집안에 놀고 있는 게 아까워서 조정 면허 시험을 치렀고, 면허를 취득하게 되었다.

그러니 여러분이 투자를 하고 싶다면 "무엇부터 공부해야 하나요?"라고 묻기보다, 일단 종목을 하나 매수해보자.

물론 나는 보트 엔진을 먼저 사둘 만큼 과감한 선택을 했지만, 엔진과 주식은 다르다. 엔진은 눈에 보이는 실물 자산이고, 언제 팔아도 상식적인 가격에서 거래된다. 반면 주식시장은 하루아침에 폭락과 급등을 반복하는 훨씬 더 위험한 공간이다.

돈 앞에서는 유난히 소심한 성격인 나는, 종목을 처음 매수할 때의 금액을 200만 원 이하로 엄격히 제한했다. 기준은 단순했다. 그저 좋아 보이면 일단 샀다. 이런 방식으로 하나둘 담다 보니, 어느새 보유 종목이 120개를 넘어서기도 했다.

하지만 오히려 나는 이 방식을 여러분에게도 권하고 싶다. 종목당 비중이 작으면 주가가 수십 퍼센트씩 요동쳐도 심리적으로 무너지지 않고 끝까지 보유할 수 있기 때문이다.

사실 어떤 종목이든 처음 매수하는 시점에는 그 기업의 미래 가치를 완벽히 꿰뚫어보기 어렵다. 하지만 시간이 흘러 주가가 본격적으로 움직이기 시작하면 상황이 달라진다. 전문가들의 정교한 분석이 쏟아지고, 다른 기업과의 파트너십 소식이 들려오며, 매출이 늘어나는 추이도 비로소 눈에 들어온다. 이런 정보들은 내가 처음 주식을 살 당시에는 결코 알 수 없었던 귀중한 데이터들이다.

시간이 흐르면서 기업의 경쟁력과 기술적 우위에 대한 이해가 자연스럽게 쌓이고, 그 과정에서 기업을 향한 확신도 점점 단단해진다. 이렇게 장기 보유를 통해 층층이 쌓아 올린 확신이 있어야만, 예고 없이 찾아오는 폭락장에서도 오히려 비중을 늘릴 수 있는 진짜 용기를 낼 수 있다.

: 엔비디아, 200만 원에서 시작된 7,000만 원의 수익

나에게 그런 대표적인 종목이 바로 엔비디아다. 엔비디아 역시 첫 매수 금액은 200만 원에 불과했다. 시기는 2017년쯤이었을 것이다. 우연히 본 유튜브 영상에서 엔비디아를 '비트코인 골드러시 시대의 청바지 회사'에 비유해 소개했고, GPU라는 개념도 그때 처음 접했다.

당시 비트코인의 상승세는 압도적이었다. 하지만 나는 비트코인의 가치를 신뢰하지 못했다. 정확히 말하면, 가치를 몰라서라기보다 이미 가격이 너무 많이 올라서 두려웠다. 그래서 비트코인 대신 엔비디아를 선택했다. 적어도 망하지는 않을 회사라는 판단에서였다.

하지만 2018년, 그렇게 견고해 보이던 엔비디아조차 비트코인 하락장이라는 직격탄을 맞으며 급락하기 시작했다. 시장에는 채굴용으로 쓰이던 중고 그래픽카드가 헐값에 대거 쏟아졌고, 그 여파로 신제품 가격마저 가파르게 하락했다.

악재는 연이어 터졌다. 비트코인 채굴량이 줄어들며 '이제 채굴은 의미가 없다'는 말이 돌았고, 코인 자체의 신뢰성을 의심하는 목소리도 다시 커졌다. 여기에 유명 인사들의 부정적인 발언까지 이어지며 시장 분위기는 급격히 얼어붙었다.

계좌의 수익률은 결국 마이너스로 돌아섰다. 전고점 대비 하락 폭은 거의 60%에 달했다. 하지만 비중이 크지 않았던 나는 오히려 엔비디아를 더 많이 사지 못한 점이 아쉽게 느껴졌다.

그리고 나는 나름의 확신에 이르렀다. 이 기업은 코인 열풍과 무관하게 충분한 가치를 지니고 있으며, 지금의 급락은 시장의 과도한 공포가 만든 저평가 구간이라는 생각이었다. 실체가 분명한 기업인 데다, 그래픽카드는 코인 채굴뿐만 아니라 수많은 첨단 산업에서 대체 불가능한 쓰임새를 지녔기에 장기적으로는 전혀 문제될 게 없다고 보았다. 그렇게 나는 300만 원어치를 추가 매수했다.

2021년에 접어들어 수익률이 200%를 넘어서자, 나는 원금의 일부를 매도해 수익을 확정했다. 이어 같은 해 말, 수익률이 500%를 돌파했을 때 다시 한번 비중을 줄였다. 원금과 수익금의 상당 부분을 먼저 회수한 뒤, 남은 물량은 '수익금만으로 굴린다'라고 여기며, 끝까지 가져가보겠다는 마음으로 홀딩했다.

하지만 2022년 말, 코로나19 팬데믹 시기에 급등했던 종목들이 유동성 축소와 함께 가파른 조정을 받으면서 엔비디아 역시 고점 대비 약 68%나 폭락했다.

그러나 이번에는 예전과 달랐다. 엔비디아가 단순한 그래픽카드 제조사를 넘어 AI 시대를 이끄는 핵심 기업이라는 사실을 깊이 이해하고 있었기에, 나는 이 하락 구간을 기회로 판단하고, 비중을 과감하게 2,000만 원 이상으로 늘렸다.

높은 가격대에서 물량을 크게 늘리다 보니 수익률은 일시적으로 크게 낮아졌지만, 장기적으로 주가가 다시 상승할 것이라는 확신은 흔들리지 않았다.

이후 주가는 약 10개월 만에 반등하기 시작했고, 나는 2023년 말부터 2024년 말까지 비중을 단계적으로 줄여나갔다. 2025년 초 조정 국면에서는 일부를 다시 매수했지만, 같은 해 9월까지 대부분의 비중을 정리했다.

이런 과정을 거쳐 엔비디아 투자에서 초기 투자금 대비 약 1,670%의 수익률을 기록할 수 있었다. 이 수치는 내가 2024년 대중 강연을 준비하며 직접 확인했던 결과다.

지금 이 글을 쓰며 계좌를 다시 확인해보니, 2024년과 2025년에 걸쳐 매도한 금액을 모두 합산한 엔비디아의 총수익금은 7,300만 원을 넘어섰다. 초기 투자금 200만 원과 비교하면 약 3,600%, 즉 36배에 달하는 수익이다.

내가 엔비디아를 매매해온 이 긴 여정을 읽으며 여러분은 어떤 생각이 들었는가. 우리가 어떤 기업에 투자할 때, 그 기업의 진가를 첫 만남부터 온전히 꿰뚫어보는 일은 사실상 불가능에 가깝다.

하지만 소액이라도 계좌에 담아두고 시간을 두고 지켜보다 보면, 그 기업이 정말 좋은 기업인지 시장과 외부 전문가들이 먼저 반응하고, 뉴스와 실적을 통해 단서가 쌓인다. 그 과정에서 투자자인 나 역시 자연스럽게 더 깊이 공부하게 된다.

물론 이 시점에서는 주가가 이미 상당 부분 오른 상태일 가능성이 크다. 하지만 상승에 흥분하지 않고 인내심을 갖고 기다리다 보면, 한때 그토록 찬사를 받던 기업이 반토막 나는 순간을 반드시 맞이하게 된다. 우리는 바로 그때를 기다렸다가 비중을 늘리면 된다.

이것이 내가 이 매매 과정을 통해 얻은 가장 값진 교훈이다. 물론 한 번에 큰 금액을 베팅해야 큰 부를 이룰 수 있다는 주장에도 일리는 있다.

하지만 우리와 같은 개인투자자, 특히 직장인에게는 소액으로 먼저 경험하고 기업을 충분히 이해한 뒤, 외부 변수로 인한 폭락이 왔을 때 비중을 늘리는 방식이 훨씬 더 현실적이고 안전하다.

: 이미 팔아버린 기업도 다시 살 수 있어야 한다

내가 지금까지의 투자에서 가장 후회하는 매매를 하나 꼽으라면, 단연 팔란티어를 팔아버린 일이다. 120개가 넘던 종목을 20여 개로 정리하는 과정에서, 다른 종목에 비해 주가 상승이 더디고 당시에는 뚜렷한 성장 이슈가 보이지 않는다는 이유로 팔란티어를 정리해버렸다.

하지만 그로부터 몇 년 뒤 러시아–우크라이나 전쟁이 발발하면서 팔란티어의 가치는 다시 조명되기 시작했다. 방산 분야에서 혁신을 주도하며 미 국방부와의 계약을 연이어 따냈고, 그 결과 눈에 띄는 성장세를 보여주었다.

지켜보는 과정은 솔직히 고통스러웠다. 하지만 내 신념은 확고했다. '아무리 좋은 주식이라도 기업 자체의 문제가 아닌 외부 변수로 반토막 나는 순간이 반드시 온다'.

그래서 팔란티어를 관심 종목의 최상단에 올려두고 매일 지켜봤다. 그리고 마침내 2025년 4월, 관세 부과 이슈로 대부분의 주가가 급락하는 상황이 찾아왔다. 나는 미리 준비해둔 현금으로 빠르게 포트폴리오를 채웠고, 개별 종목 가운데 1순위로 팔란티어를 매수했다.

그렇게 매수한 팔란티어는 두 달도 채 되지 않아 110%가 넘는 수익을 안겨주었다. 2025년 5월 오프라인 강의에서도 이 과정을 공유했고, 당시 기준 수익률은 50%가 넘어가던 시점이었다.

그때 강연 후기 중 하나가 아직도 기억에 남는다. "이제 팔란티어도 끝물인가 보네요." 하지만 그 이후로도 팔란티어는 60% 이상의 상승을 이어갔다.

만약 투자 과정에서 좋은 주식을 발견했지만, 가격이 너무 높아 매수가 망설여진다면 일단 단 1주라도 사서 계좌에 담아두길 바란다. 여유가 있다면 100만 원 정도도 좋다.

이렇게 종목을 보유한 상태에서 '아무리 좋은 기업이라도 외부 변수에 의해 언제든 반토막 날 수 있다'는 사실을 늘 염두에 두어야 한다. 그리고 실제로 그런 폭락의 날이 찾아온다면, 그때는 망설임 없이 기쁜 마음으로 추가 매수하면 된다.

결정적인 폭락이 찾아오는 그 시점에, 우리는 이미 그 기업에 대한 공부가 충분히 끝난 상태일 것이기 때문이다.

때로는 인정하고 물러설 줄 알아야 한다

앞서 나는 적은 비중으로 초기 투자를 시작하고, 어떤 기업이든 외부 변수로 인해 반토막 하락을 겪을 수 있으며, 우리는 바로 그때 매수할 수 있어야 한다고 말했다.

하지만 외부 변수를 제대로 이해하지 못한 채, '떨어지면 무조건 매수'하는 방식은 위험하다. 쇠락하는 기업에 비중을 계속 늘리다가는 계좌 상태를 회복하지 못한 채 큰 손실로 이어질 수 있기 때문이다. 또한 아무리 하락하더라도, 일정 수준 이상으로 비중을 늘려서는 안 된다.

이제부터는 쇠락하는 기업과 그렇지 않은 기업을 어떻게 구분

할 것인지, 그리고 만약 잘못된 선택을 했을 때 어떻게 살아남을
수 있는지에 대해 말해보겠다.

: 외부 변수로 하락 후 반등하는 기업과 그렇지 못한 기업

엔비디아로 큰 수익을 낼 수 있었던 이유는, 시간이 흐르며 이 기
업의 가치를 증명하는 단서들이 단계적으로 쌓였기 때문이다.

첫 번째 폭락 때는 GPU의 기술적 우위를 보고 매수했고, 두 번
째 폭락 때는 AI 산업의 주도권까지 확인하며 비중을 과감하게 늘
릴 수 있었다.

하지만 당시의 폭락 국면을 차분히 들여다보면, 첫 하락의 직접
적인 원인은 코인 채굴 수요 감소에 따른 가격 하락과 실적 둔화
였다. 표면적으로는 단순한 외부 변수를 넘어 기업 경쟁력 자체가
흔들리는 것처럼 보일 정도였다.

그럼에도 나는 다르게 판단했다. 누구나 GPU를 뚝딱 만들어 엔
비디아를 대체할 수 있는 것이 아니었고, 그 수요처 또한 채굴에만
국한되지 않는다고 보았기 때문이다. 게다가 채굴 수요가 시장에
서 완전히 증발한 것도 아니라는 점에 주목했다. 이런 점들을 종합
할 때, 고점 대비 60%에 달하는 하락은 과도하다고 보았고, 그 결

론에 따라 매수를 결정했다.

두 번째 하락은 코로나19 유동성 장세에서 형성된 거품이 빠지며 나타난 조정이었다. 하지만 이 시점에는 엔비디아가 AI 발전의 핵심에 있는, 사실상 독보적인 기업이라는 점이 이미 분명해져 있었다. 그래서 나는 첫 번째 매수 때보다 훨씬 큰 금액을 망설임 없이 투입할 수 있었다.

이 경험을 통해 분명히 알게 된 사실은, 독보적인 기술력을 갖고 있고, 이를 단기간에 대체할 만한 강력한 경쟁자가 없다면 주가는 결국 회복된다는 점이었다. 이 원칙만큼은 반드시 명심해야 한다.

첫 매수 이후 하락 구간에서 나름의 근거를 갖고 추가 매수를 했음에도, 유독 반등하지 못하고 짓눌려 있는 종목들이 있다. 하락의 원인이 기업 내부가 아닌 외부 요인인 듯 보이는데도 말이다. 이런 상황에 직면하면, 초반에는 아무리 머리를 맞대고 분석해봐도 그 이유를 설명하기가 어렵다.

우리가 훗날 급등할 주식의 초창기에 그 기업의 진정한 가치를 온전히 알아보지 못하는 것과 같은 이치다. 다만 한 가지 흥미로운 사실은, 시장은 이미 모든 것을 알고 있다는 듯 주가가 좀처럼 움직이지 않는다는 점이다. 마치 보이지 않는 거대한 힘이 주가를 억누르고 있는 것처럼 말이다.

그래서 주가가 좀처럼 반등하지 못하는 기업의 경우에는, 시간이 지나 드러나는 근본적인 문제가 무엇인지 먼저 파악해야 한다. 그 전까지는 절대로 추가 매수를 해서는 안 된다. 하락이 깊어질수록 더 많은 자금을 쏟아붓다 보면, 어느 순간 손쓸 수 없는 지경에 이르고 결국 계좌 전체가 망가진다.

내가 틀렸을지도 모른다는 사실을 겸허히 인정할 때, 비로소 새로운 기회도 찾아온다. 따라서 하락장에서의 추가 매수는 결코 무한대일 수 없으며, 미리 정해둔 일정 비중을 넘어서까지 물을 타는 행위는 스스로를 파멸로 이끄는 지름길임을 반드시 명심해야 한다.

: 집중 투자의 위험성

유튜브 채널을 운영하다 보면, 같은 투자 유튜버들과 자연스럽게 교류하며 동질감을 느끼게 될 때가 있다. 그런 과정에서 알게 된 한 유튜버가 있었는데, 그의 생각은 나와 놀라울 만큼 비슷했다.

투자는 선택이 아니라 필수라는 점, 노동 소득만으로는 결코 부자가 될 수 없다는 인식, 그리고 국내 주식시장은 장기투자에 적합하지 않으며 달러 자산인 미국 기업에 장기투자해야 한다는 생각까지 거의 같았다. 다만 딱 한 가지, 분명한 차이가 있었다. 그는 집중 투자를 해야 한다고 주장했다.

그의 논리는 빈틈이 없었고, 나 역시 반박하기 어려웠다. 소액으로 시작할 수밖에 없는 개인투자자일수록 한 종목의 본질을 깊이 파고들어, 시대의 흐름을 관통하는 그 하나에 승부를 걸어야 한다는 것이 그의 지론이었다.

확신이 선 종목을 끝까지 밀고 나가며 어떤 풍파에도 흔들림 없이 비중을 실어야만 비로소 남들이 상상하지 못할 압도적인 수익을 낼 수 있고, 그것만이 평범한 개인이 자산가가 될 수 있는 유일한 길이라는 믿음이었다. 그는 단순히 이론을 설파하는 것을 넘어, 자신의 삶과 계좌로 그 원칙을 증명해내고 있었다.

나는 이런 투자 방식을 권하지 않는 쪽이었지만, 그의 철학이 워낙 확고했기에 묵묵히 응원해주기로 했다. 실제로 이런 방식으로 거대한 부를 일궈낸 이들이 존재했고, 유튜브만 봐도 수많은 성공 신화가 넘쳐났기 때문이다. 다만 당시 내 마음 한구석에 가시지 않는 찜찜함이 남아 있었는데, 그 이유는 그가 승부를 걸고 있던 종목 때문이었다. 그가 전 재산에 가까운 비중을 싣고 있던 종목은, 바로 '제2의 테슬라'라 불리던 수소차 기업 니콜라였다.

지금 이 종목 이름을 들으면 모두가 경악하겠지만, 당시의 니콜라는 대규모 투자와 미래에 대한 기대가 넘치던 회사였다. 나 역시 이 회사를 매수할지 말지를 두고 진지하게 고민했을 정도였다. 다만 그때 나는 이미 BYD에 투자하고 있던 터라 포기했다.

어쨌든 그는 니콜라에 대한 강한 믿음을 바탕으로, 그 어떤 전문가보다도 해박한 지식을 풀어내며 주변에 투자를 권하곤 했다. 당시에는 그를 의심하거나, 그 기업에 구조적인 문제가 있을 것이라 생각하는 사람이 아무도 없었다.

하지만 어느 순간부터 균열이 보이기 시작했다. 일부 전문가들 사이에서 우려 섞인 목소리가 터져 나왔고, 주가는 마치 그 경고를 증명이라도 하듯 가파르게 곤두박질쳤다.

그럼에도 그의 태도는 흔들림이 없었다. 오히려 과거 위대한 기업들이 폭발적인 성장을 앞두고 겪었던 혹독한 조정 사례들을 증거로 내세우며, 지금이 일생일대의 기회라고 더욱 강하게 '매수'를 외쳤다.

이후 니콜라의 실체는 결국 만천하에 드러났다. 수소 트럭이 스스로 주행하는 것처럼 보이게 하기 위해 언덕에서 차량을 밀었다는 증언이 보도되면서, 시장은 큰 충격에 빠졌다.

그러나 더 충격적인 사실은 따로 있었다. 니콜라에 사실상 올인했던 그 친구가, 그때까지도 이 종목을 포기하지 못하고 있었다는 점이었다.

얼마 후 경영진의 사과와 그럴듯한 발표가 이어졌고, 그는 또다시 그 말을 믿고 투자를 이어갔다. 하지만 이후의 결말은 모두가 아는 대로다. 니콜라는 결국 거래 정지됐고, 그 친구는 자신의 유튜브 채널을 접은 채 자취를 감췄다.

인터넷에 떠도는 익명의 무용담이 아닌, 바로 곁에서 생생하게 목격한 한 개인의 몰락이었기에 충격이 더 컸다. 그리고 이 경험은 나의 분산 투자 성향을 더욱 단단하게 만들어준 결정적인 계기가 되었다.

: 분산 투자야말로 생존의 열쇠

투자를 하다 보면 누구나 잘못된 선택을 하게 된다. 특히 앞선 사례의 친구처럼 투자금이 적은 개인일수록, 한 번에 큰 금액을 집중 투자해 큰 수익을 내야 한다는 논리에서 벗어나기 어렵다. 몇백만 원씩 분산 투자해봐야 만족할 만한 수익은 절대 나지 않을 것이라는 생각이 자연스럽게 들기 때문이다.

하지만 나는 그 몇백만 원이라도 꾸준히 분산해 포트폴리오를 구성하고, 금액의 크기와 상관없이 매년 수익으로 마무리하는 투자를 해야 한다고 생각한다. 그리고 그런 투자를 3년, 5년, 10년 이어간다면 속도는 느릴지라도 반드시 우상향하는 계좌를 만들 수 있다고 믿는다.

지금의 나는 바로 그 과정의 한가운데에 있고, 이 방법을 여러 분에게도 권하고 있다. 나는 수많은 하락장을 거치며 살아남았고, 그렇게 살아남을 수 있었던 가장 결정적인 이유는 분산 투자였다.

집중 투자가 틀렸다고 말할 생각은 지금도 없다. 다만 개인투자자, 특히 직장인 투자자에게 특정 기업이나 거대한 시대 변화를 꿰뚫는 수준의 통찰을 요구하는 것은 지나치게 가혹한 일이다.

그러니 장기적으로 우상향하는 자본주의 구조 자체에 투자하고, 포트폴리오를 구성해 매년 조금씩이라도 수익금이 오르는 투자를 하기를 바란다.

ON BEING GOOD AT

· PART 6 ·

하락장에서 무조건 살아남는 법

STOCK INVESTING

200% 원금 회수법, 욕심을 줄이자 수익이 늘었다

: 투자자의 심리, 탐욕과 공포 사이에서

주식투자를 오래 하다 보면, 정말 다양한 심리 변화를 겪게 된다. 시장이 연일 상승할 때는 하루하루가 즐겁다. 특히 나처럼 자산의 상당 부분이 주식에 묶여 있는 사람에게는 더 그렇다. 세상은 유난히 아름다워 보이고, 사람들에게 관대해지며, 이런 시간이 영원히 계속될 것만 같은 착각에 빠진다.

하지만 이런 안도감과 탐욕이 커져갈 즈음, 시장은 늘 정신이 번쩍 들 만큼의 하락과 공포로 나를 집어삼킨다. 그때는 이전과는 차원이 다른 폭락이 올 것 같고, 시장은 다시는 회복하지 못할 것처럼 느껴진다. 세상은 패닉에 빠지고, 주식은 금세 휴지조각이 될 것만 같다.

투자를 하면 누구나 이런 과정을 반드시 겪게 된다. 나 역시 그 공포 속에서 살아남아 지금까지 투자를 이어오고 있다. 그 과정에서 한때 엄청난 손실을 기록했던 종목이 다시 살아나기도 했고, 수백 퍼센트의 수익을 안겨줬던 종목이 마이너스로 돌아서는 경험도 했다.

그래서 스스로에게 묻게 되었다. 어떻게 해야 내 계좌를 안정적으로 지키면서도, 변동성에 휘둘리지 않고 끝까지 버틸 수 있을까. 그 질문은 결국 나만의 위기관리 원칙을 세우는 출발점이 되었다.

: BYD 투자, 버핏보다 먼저 본 미래

전기차의 시대가 막 열리던 무렵, 나는 비교적 이른 시점부터 중국 시장의 잠재력을 주목하고 있었다. 리튬과 희토류 관련 기업들을 조사하던 중, 그 중심에 있는 회사가 바로 BYD였다. 중국은 내연기관 기술력이 약했지만, 나는 그 약점이 오히려 새로운 전환의 기회가 될 수 있다고 판단했다.

전기차는 엔진 대신 모터와 배터리만으로도 안정적인 주행이 가능하다. 이는 내연기관 시대에 쌓아온 기술 격차를 단숨에 무력화할 수 있다는 의미였다. 기존 엔진차 기업들은 이미 잘 작동하던 내연기관 시장을 쉽게 포기할 이유가 없었지만, 중국은 달랐다. 실패를 두려워하지 않았고, 정부의 전폭적인 지원이 뒤따랐다.

여기에 13억 인구라는 거대한 내수 시장까지 더해졌다. 해외로 나가지 않더라도 성장할 수 있는 조건은 이미 충분히 갖춰져 있었다.

나는 이런 나름의 판단과 분석으로 BYD에 투자하기 시작했고, 내 예상은 정확히 맞아떨어졌다. 이후 BYD의 주가는 별다른 조정 없이 상승을 이어갔다. 그러던 어느 날 버크셔 해서웨이의 '13F 보고서'가 공개되면서 워런 버핏이 BYD에 투자했다는 사실이 알려졌고, 주가는 불타오르듯 급등했다.

그 순간, 나는 짜릿한 희열을 느꼈다. 마치 버핏보다 먼저 미래를 내다본 사람이 된 듯한 착각에 빠졌다. 확신은 더욱 커졌고, 급기야 '이 종목만큼은 절대 팔지 않겠다'는 다짐까지 하게 되었다.

하지만 얼마 지나지 않아 그 확신은 서서히 흔들렸다. 버크셔 해서웨이가 BYD의 지분을 줄이고 있다는 소식이 들려왔고, 시장에서는 전기차의 경쟁 심화와 저가 공세에 대한 우려가 쏟아졌다.

내가 이 종목을 매수한 이유는 버핏 때문이 아니었다. 하지만 그의 매도 소식 앞에서 내 확신은 무력하게 흔들렸다. 시장의 불안은 순식간에 공포로 변했고, 고점을 찍은 지 불과 석 달 만에 주가는 곤두박질쳤다. 한때 680%에 달했던 수익률이 허무하게 깎여 나가는 것을 보며, 나는 남은 수익마저 잃을지도 모른다는 공포에 질려버렸다. 결국 나는 408%의 수익을 남기고 전량 매도 버튼을 눌렀다. 뼈아픈 실수였다.

이후 주가는 한동안 횡보하다가, 다시 반등했고 BYD는 결국 이전 고점을 돌파해 지금은 역사적 최고가를 기록하고 있다.

그때 나는 장기투자에서 진짜 어려운 것이 무엇인지 분명히 알게 되었다. 좋은 종목을 고르는 일보다 훨씬 어려운 것은, 중간중간 찾아오는 변동성을 견디며 내가 선택한 종목을 오래 들고 가는 일이었다.

: 원금 손실의 두려움을 극복하는 법

그 후로도 실수는 반복됐다. 수익률이 100%를 넘어서면 '언제 떨어질지 모른다'는 불안이 엄습했고, 나는 서둘러 이익을 실현했다.

당장은 현명한 대응 같았지만, 시간이 흘러 돌아보면 그 종목들의 가격은 대부분 보란 듯이 더 높은 곳까지 올라가 있었다.

'왜 나는 좋은 종목을 끝까지 들고 가지 못할까', 긴 고민 끝에 도달한 답은 이랬다. 내 안에는 원금만큼은 절대로 잃고 싶지 않다는 공포가 생각보다 깊이 뿌리박혀 있었다.

투자자는 누구나 손실을 싫어한다. 하지만 나는 특히 원금이 줄어드는 순간을 견디지 못했다. 이익을 일부 반납하는 것은 괜찮았지만, 내 돈이 줄어드는 것만큼은 도저히 받아들일 수 없었다. 그래서 주가가 조금만 하락해도 매도 버튼을 눌렀고, 그렇게 얻은 것은 잠깐의 평온과, 시간이 지나 돌아오는 깊은 후회였다.

머리로는 알고 있었다. 시장은 늘 출렁이고, 예상치 못한 하락은 언제든 찾아온다는 것을. 하지만 실제로 내 계좌가 실시간으로 무너지는 장면을 마주하면 이성은 순식간에 마비되고, 그제야 깨닫게 된다. 투자는 숫자의 게임이 아니라, 결국 심리의 게임이라는 사실을 말이다.

시장은 언제나 탐욕과 공포 사이를 오간다. 그리고 그 사이에서 흔들리지 않는 마음을 세우는 일, 그것이야말로 진짜 투자자의 길이다.

주식투자를 잘한다는 것

시장에서 수많은 시행착오를 겪은 끝에, 나는 한 가지 원칙에 도달했다. 바로 '200% 원금 회수법'이다. 단순하지만, 내 투자 인생의 방향을 완전히 바꿔놓은 방법이다.

원리는 간단하다. 예를 들어 A라는 주식을 500만 원어치 매수했다고 가정해보자. 이후 시간이 흘러 주가가 200% 상승하면, 계좌의 평가금액은 1,500만 원이 된다. 이때 나는 망설이지 않고 500만 원어치를 매도한다. 즉, 초기 원금을 그대로 회수하는 것이다.

그 결과 계좌에는 1,000만 원이 남는다. 이 순간부터 이 금액은 더 이상 '내 돈'이 아니라, 심리적으로는 '시장의 돈'이 된다.

이 시점부터 나는 주가의 등락에 흔들리지 않는다. 남은 1,000만 원은 이미 수익으로 얻은 금액이기 때문이다. 이제 이 주식은 일시적인 하락이 와도, 시장이 흔들려도 팔지 않는다. 원금을 회수한 순간부터는 불안이 사라지고, 심리적 압박 없이 훨씬 더 길게 끌고 갈 수 있다.

이 단순한 기준 하나를 세우는 순간, 모든 것이 달라졌다. 이전에는 종목이 오르기만 하면 언제 팔아야 할지 몰라 늘 초조했고, 조금이라도 하락하면 수익이 사라질까 두려워 서둘러 매도하곤 했다.

하지만 200% 원금 회수법을 적용한 이후로는 주가가 300%, 400%까지 오르는 동안에도 마음이 편안했다. 이미 원금은 회수한 상태였고, 남아 있는 금액은 시장이 내게 준 '보너스'처럼 느껴졌기 때문이다.

이 원칙을 적용한 이후, 내 계좌는 눈에 띄게 달라졌다. 오히려 수익금이 더 가파르게 늘어났다. 중간에 원금을 회수하지 않았다면 더 큰 금액으로 불어났을 것 같지만, 실제로는 정반대였다. 원금을 회수했기 때문에 훨씬 오래 보유할 수 있었고, 그 결과 최종 수익금은 오히려 더 커졌다.

이 원칙 덕분에 나는 중간중간 찾아오는 시장의 변동성에 흔들리지 않고, 장기적인 상승 흐름에 끝까지 함께할 수 있었다. 그 대표적인 투자 사례가 바로 엔비디아와 소니, 그리고 SMIC다.

: 엔비디아 1,670%, 소니 300%, SMIC 460%

엔비디아는 내 인생의 종목 중 하나다. 초기 투자금이 크지 않았던 덕분에 폭락이 와도 흔들리지 않았고, 오히려 추가 매수를 이어갈 수 있었다. 시장은 한동안 요동쳤지만, 나는 원금을 회수한 뒤에도 주식을 팔지 않았다. 그 결과 엔비디아는 내 계좌에서 1,670%에 달하는 수익률을 기록했다. 소니와 SMIC 역시 같은 원칙으로 운용했다. 전기차가 시장의 대세가 되리라는 것은 이미 모두가 알고 있었다. 테슬라를 비롯한 미국의 주요 기업들이 전기차 시장에 속속 진입했고, 그 흐름은 곧 자율주행이라는 새로운 단계로 진화하고 있었다. 나는 전기차에 투자하던 중, 모두가 배터리 기업에 몰려 있을 때 오히려 기술적으로 독점적 지위를 가진 기업을 찾아보기로 했다. 그중 가장 눈에 띈 곳이 바로 이미지 센서 분야의 절대 강자, 소니였다

그 시절 일본 기업에 투자한다고 하면 고개를 젓는 사람이 많았다. "일본은 끝났다", "소니는 삼성에도 밀리고 있는데 왜 거길 투자하냐"와 같은 말을 수도 없이 들었다.

하지만 나는 전기차의 확산이 곧 이미지 센서 시장의 폭발적인 성장으로 이어질 것이라는 확신이 있었다. 특히 일론 머스크가 "라이다 없이도 자율주행을 구현하겠다"고 선언한 순간, 그 확신은 더욱 단단해졌다.

주변의 반응은 냉담했지만 결과는 달랐다. 소니의 주가는 꾸준히 상승했고, 수익률이 200%를 넘긴 시점에서 나는 원금을 회수했다. 이후 300% 구간에서 일부 수익을 실현했으며, 지금도 이 종목을 계속 보유하고 있다.

나는 이 종목을 500%, 나아가 1,000%에 도달하는 시점까지 끌

고 갈 생각이다.

SMIC는 중국 반도체 산업의 부상과 함께 지금도 성장세를 이어가고 있다. 집필을 하고 있는 2025년 말 현재 수익률은 약 460%에 이른다. 이 종목 역시 200% 수익 구간에서 원금을 회수했고, 이후 찾아온 40% 이상의 하락 국면을 아무런 스트레스 없이 견뎌낼 수 있었다.

만약 그때 원금을 회수하지 않았다면, 그 하락장에서 불안에 휩싸여 매도했을 가능성이 크다. 하지만 원금을 회수한 이후에는 두려움이 사라졌고, 그 덕분에 지금까지 장기 보유할 수 있었다.

이 경험을 통해 분명히 깨달은 점이 있다. 주식투자는 단순히 좋은 기업을 발굴하고 미래를 예측하는 것만으로는 결코 충분하지 않다는 사실이다.

승부는 투자자의 심리에서 갈린다. 좋은 종목을 고르는 능력보다 더 중요한 것은, 그 종목을 오래 들고 갈 수 있는 심리적 여유다. 그래서 200% 원금 회수법은 단순한 투자 전략이 아니다. 나에게는 심리적 방패이자, 행동을 결정하는 기준이다.

시장의 소음에 휘둘리지 않으려면 감정이 아니라 원칙으로 사고해야 한다. 즉흥적인 판단이 아닌 일관된 기준을 지키는 것, 이 원칙이 비로소 나에게 흔들리지 않는 생각의 틀이 돼주었다.

지금도 나는 이 방식을 그대로 유지하고 있다. 현재 내 계좌에서 엔비디아의 비중은 크지 않지만, 만약 또 한 번 시장이 흔들리고 모두가 도망치는 순간이 온다면 나는 주저하지 않고 다시 엔비디아 주식을 살 것이다. 그때도 원금은 지키고, 남은 수익은 시장이 내게 주는 보상으로 남겨둘 생각이다.

결국 원금을 회수하면 심리적 부담이 사라진다. 심리적 부담이 사라지면 시장의 변동성을 견딜 수 있는 힘이 생긴다. 그리고 변동성을 견딜 수 있을 때, 비로소 더 큰 수익이 따라온다.

나는 이 단순한 진리를 직접 경험하며 깨달았다. 그리고 그것이 내가 지금까지 시장에서 살아남을 수 있었던, 가장 확실한 방법이었다.

버블을 대하는
우리의 자세

시장이 과열되기 시작하면 어김없이 등장하는 말이 있다. 바로 '버블'이다. 기업의 실제 가치를 훨씬 웃도는 주가, 지나치게 부풀어 오른 시장을 가리키는 표현이다. 이때 빠지지 않고 언급되는 것이 2000년 IT 버블이다. 그 사례가 소환될 때마다 당장이라도 주가가 폭락할 것만 같은 공포 분위기가 형성된다.

물론 경제 전문가들의 경고에 귀 기울이지 않을 수 없다. 하지만 그들의 의견을 존중하면서도, 나는 한 가지 사실을 덧붙이고 싶다. 우리가 그토록 피하려는 바로 그 버블 국면에서, 주가는 가장 짧은 시간에 가장 가파르게 상승해왔다는 점이다.

다시 말해 10년을 내다보고 장기투자를 해온 사람이 버블이 두렵다는 이유로 초입에 계좌를 정리해버린다면, 오히려 버블 초기 1~2년만 투자한 사람보다 수익률이 더 낮아질 수도 있다는 것이다.

하지만 모두가 알다시피, 버블은 결국 타이밍의 문제다. 언젠가는 꺼지기 마련이고, 그 과정에서 자산이 크게 줄어들 수 있다는 점 역시 부정할 수 없다. 그렇다면 우리는 이런 국면에서 어떻게 투자해야 할까.

IT 버블조차 결국 회복됐다는 사실을 떠올리면, 모든 자산을 그대로 보유하는 것이 가장 현명해 보일 수 있다. 실제로 나 역시 한때는 그것이 정답이라 믿고, 오직 매수만 하던 시기가 있었다.

하지만 여기에는 한 가지 결정적인 문제가 있다. 우리의 인생은 유한하다는 사실이다. 아무리 장기투자를 한다 해도, 언젠가는 주식 비중을 줄이거나 매도해야 할 순간이 반드시 온다.

그런데 하필 그 시점이 버블이 꺼지며 시장이 폭락하는 때와 맞아떨어진다면 어떨까. 10년, 20년 동안 차곡차곡 쌓아 올린 수익의 상당 부분이 한순간에 증발할 수도 있다. 그렇다면 우리는 이런 상황에서 어떻게 대응해야 할까.

이런 고민 끝에, 나는 나만의 계좌 관리 방식을 하나 더 마련했다. 이 방법은 최근까지도 꾸준히 활용하고 있으며, 여러 해에 걸

친 시행착오를 통해 가장 합리적이면서도 수익을 효과적으로 극
대화할 수 있다고 판단한 전략이다.

: 총액 고정 매매법을 만들다

앞서 나는 개별 종목의 수익률이 200%를 넘어가는 시점에 원금을
회수하는 방법을 소개했다. 이 방식은 소형주 매매나 바닥권에서
출발한 종목의 극심한 변동성을 견뎌낼 때, 내가 경험한 가장 효과
적인 전략 중 하나다.

하지만 투자를 오래 하다 보면 또 하나의 난제에 부딪히게 된
다. 바로 수익률이 200%를 넘긴 뒤에도 계속 상승하는 종목을 어
떻게 관리할 것인가 하는 문제다.

물론 원금을 회수했으니 남은 물량을 영원히 보유하는 방법도
있을 것이다. 하지만 앞서 말했듯, 우리의 삶은 유한하고 자본 역
시 한정돼 있다. 결국 언젠가는 주식을 매도해야 한다.

과연 나는 이 종목의 최고점에서 전량 매도할 수 있을까. 아니
면 주가가 하락하기 시작했을 때, 이미 원금을 빼놓았다는 이유로
버티다가 반토막이 나면 어떻게 해야 할까. 그 시점에서 수익률이
500%라면, 사실 다시 만들기 쉽지 않은 성과다. 그렇다면 그때 전

량 매도하는 것이 맞을까.

수년, 수십 년을 보유해 수천 배의 수익을 얻은 장기투자자들의 사례를 떠올리면, 나는 혹시 그런 가능성을 스스로 차단한 채 '고작' 500%에서 팔아버리는 건 아닐까 하는, 일종의 행복한 고민에 빠지게 된다.

그래서 나는 또 한 번 욕심을 줄이고, 그 대신 살아남는 방법을 찾기로 했다. 그렇게 고민 끝에 도달한 방식이 바로 내가 '총액 고정 매매법'이라 이름 붙인 매매 전략이다.

예를 들어 1,000만 원을 투자해 수익률이 200%에 도달하면, 총자산은 3,000만 원이 된다. 여기서 200% 원금 회수법을 적용해 원금을 회수하면, 계좌에는 순 수익금 2,000만 원만 남게 된다.

이제부터는 이 종목이 앞으로 얼마나 더 성장할 수 있을지를 판단해야 하는 단계다. 추가적인 성장 여력이 충분하다고 본다면, 더 오래 보유할 수 있도록 다음 전략을 준비해야 한다.

이제 수익금만 남은 2,000만 원이 추가로 100% 상승해 4,000만 원이 되었다고 해보자. 이는 최초 투자금 기준으로 보면 400% 수익에 해당한다. 이 시점부터는 총액을 4,000만 원으로 고정해 관리하는 방식으로 전환한다.

총액을 얼마로 설정할지는 개인의 경험과 성향에 따라 달라진다. 아직 큰 수익을 경험해보지 않았거나 투자 경력이 짧다면, 총액 기준을 더 낮게 잡아도 무방하다.

총액을 4,000만 원으로 고정했다면, 이후 주가가 5% 올라 계좌가 4,200만 원이 되는 순간 초과분인 200만 원을 매도한다. 다음 날 주가가 다시 10% 상승해 4,400만 원이 되면, 이번에는 초과분인 400만 원을 매도하는 식이다.

이렇게 계좌의 총액이 미리 정한 기준을 넘지 않도록, 초과된 금액만을 반복적으로 매도해 관리하는 방식이 바로 '총액 고정 매매법'이다.

: 총액 고정 매매법의 장점 ① _ 투자의 그릇을 키운다

이 매매법은 주가가 상승할 때 단순히 '그냥 버티는 방식'에 비해 수익률이 낮아 보일 수 있다. 하지만 이 단점을 충분히 상쇄하고도 남을 만큼 강력한 장점이 있다.

바로 대부분의 투자자들이 한 번도 경험해보지 못한 수준의 수익을 실제로 만들어볼 수 있고, 동시에 자신의 '투자 그릇'을 키울 수 있다는 점이다.

투자에서는 흔히 '그릇을 키워야 한다'라는 말을 한다. 여기서 말하는 그릇이란, 높은 수익률을 감당하는 심리적 안정감, 장기간 보유를 견뎌내는 힘, 그리고 큰 금액을 운용하고 관리할 수 있는 역량을 뜻한다.

문제는 대부분의 사람들이 이런 그릇을 확장해볼 기회를 거의 가져보지 못한다는 데 있다. 방법을 모르기 때문이다.

그래서 대부분의 투자자는 '수익은 짧게, 손실은 길게' 가져가는 악순환에서 좀처럼 벗어나지 못한 채, 늘 시장의 고통을 떠안게 된다.

하지만 앞서 설명한 200% 원금 회수법과 총액 고정 매매법을 활용하면, 지금까지 한 번도 경험하지 못했던 수준의 수익률과 수익금을 실제로 손에 쥘 수 있다.

물론 사람마다 차이는 있다. 그럼에도 대부분의 투자자는 비중을 크게 둔 종목에서 100% 수익을 끝까지 경험해본 적이 없다. 소액으로 사둔 종목이 우연히 테마를 타고 올라 반찬값 정도를 벌어본 경험은 있을지 모르지만, 비중이 커지는 순간 상황은 완전히 달라진다. 10%, 20%만 올라도 불안해져 서둘러 익절 버튼을 누르게 되기 때문이다.

총액 고정 매매법을 활용하면, 1,000만 원을 투자해 500만 원의 수익을 낸 것이 인생 최고 기록이었던 사람도 300만 원으로 1,000%의 수익률을 경험할 수 있다.

물론 절대적인 수익금은 3,000만 원이 아니라 1,000만 원 수준에 그칠 수 있다. 하지만 지금까지 단 한 번도 마주해보지 못했던 압도적인 수익률과, 실제로 손에 쥐는 의미 있는 수익금을 동시에 경험한다는 점에서 그 차원은 완전히 다르다.

: 총액 고정 매매법의 장점 ② _ 손실을 자동으로 줄여준다

총액 고정 매매법을 활용하면 예상치 못한 하락으로부터 손실을 줄이고 매수 기회를 얻을 수 있다.

상승하던 주식이 하락할 경우, 대부분의 투자자는 불어난 평가 금액 기준으로 하락을 맞게 된다. 하지만 총평가금액을 항상 1,000만 원으로 관리한다면, 같은 하락률에서도 실제 손실 금액은 훨씬 적다.

예를 들어 총평가금액을 3,000만 원까지 끌고 온 상태에서 10% 하락이 발생하면 계좌에서는 300만 원이 사라진다. 반면 총평가금액을 1,000만 원으로 고정해 관리했다면 같은 하락에서도 손실은 100만 원에 그친다.

게다가 총액 고정으로 이미 챙겨둔 수익금이 계좌에 쌓여 있기 때문에, 이 현금은 시장이 하락했을 때 자연스럽게 추가 매수할 수 있는 여유 자금이 된다.

이렇듯 욕심을 줄이고 계좌 운용의 원칙과 기준을 세우면 계좌의 성장이 다소 느려 보일 수 있지만, 시장에서 반드시 살아남아 우상향하는 자산을 만들 수 있다.

큰돈을 한 번에 투입하면 변동성을 견디지 못해 쉽게 팔아버리거나, 반대로 물려 오랜 시간을 기다리게 되는 경우가 많다. 그래서 처음부터 자신의 투자 그릇에 맞는 규모로 시작하고, 욕심을 조금 내려놓은 채 일정 수준 이상 상승했을 때 총액 고정 매매법으로 대응해보는 것이 중요하다.

이 방식은 단기간에 큰 부를 이루고 싶거나, 투자를 투기처럼 대하는 사람들에게는 느리고 따분하게 느껴질 수 있다. 하지만 내가 직접 실천해본 결과, 총액 고정 매매법은 심리적으로 편안하면서도 적지만 꾸준한 수익을 만들어주는 안정적인 전략이었다.

특히 개인투자자에게 유용하며, 이제 막 투자를 시작했거나 수익과 손실을 반복하며 흔들리고 있는 투자자라면 한 번쯤 꼭 시도해보길 권한다.

이 방법을 꾸준히 반복하며 세부 기준을 다듬고, 자신만의 방식으로 발전시켜나간다면 분명 이전과는 다른 투자 습관과 계좌의 변화를 체감하게 될 것이다.

나는 투자에서 정말 중요한 것은 좋은 종목을 찾는 능력보다,

그 종목을 얼마나 멀리, 얼마나 오래 끌고 갈 수 있느냐라고 생각한다. 그 태도가 최종 수익률을 결정한다.

그러니 여러분도 지금 자신의 매매 습관을 잠시 돌아보길 바란다. 그리고 내가 제시한 매매법을 대입해보며 '만약 그때 이런 방식으로 대응했다면 결과는 어땠을까?'를 한 번쯤 생각해보자.

그러다 보면 수없이 스쳐 지나간 좋은 종목들이 떠오를 것이다. 그때 그 종목을 지금까지 보유했다면, 그 자리에서 손절하지 않았다면 어땠을까. 그 생각은 우리에게 가장 큰 아쉬움과 후회로 남는다.

대부분의 투자자는 큰 손실을 감당하지 못해 손절하고, 그 과정을 반복하다 결국 실패에 이른다는 사실을 먼저 인정해야 한다. 이제는 같은 패턴을 되풀이하지 않기 위해, 스스로 지킬 수 있는 투자 관리 원칙을 세우는 일이 필요하다.

내가 소개한 방법들이 여러분 각자의 기준을 만드는 데 작은 힌트라도 되기를 바란다.

언제 종목을
완전히 버려야 하는가

지금부터 투자에서 가장 어려운 이야기를 해보려 한다. 투자를 하며 가장 쉬운 일은 종목을 매수하는 것이고, 가장 어려운 일은 종목을 매도하는 것이다. 특히 수익이 난 종목이 아니라, 손실이 난 종목을 매도하는 일은 눈을 질끈 감아야 할 만큼 고통스럽다.

대부분의 사람들은 자신이 이성적으로 판단해 주식을 사고판다고 생각한다. 하지만 실제로는 판단이 아니라, 거의 본능에 가까운 반응으로 매매한다. 손실에서 파는 사람은 늘 손실에서 팔고, 적은 수익에 파는 사람은 늘 적은 수익에 만족한다. 심지어 큰 수익을 냈음에도 끝까지 끌고 가다 그 수익을 모두 반납하고 손실에서 매도하는 경우도 적지 않다.

왜 이런 일이 반복되는지, 그리고 수익을 극대화하면서도 감정이 아닌 기계적인 대응을 하려면 어떻게 해야 하는지, 이제부터 내 경험을 바탕으로 이야기해보겠다.

: 잘난 종목, 못난 종목 차별 말고 덜어내자

주가의 상승이 가팔라지는 국면에 들어서면, 나는 반드시 현금을 만든다. 전문가들이 앞으로 주가가 몇 배 더 오른다고 말하더라도, 나는 나만의 기준에 따라 반드시 일정 수준의 현금을 확보한다. 다만 이때 가장 어려운 문제는, 어떤 종목을 팔고 어떤 종목을 남길 것인가다.

이미 포트폴리오를 구성해둔 상태에서 특정 종목만 골라 판다는 것은 쉬운 일이 아니다. 그래서 내가 고안한 방법이 바로 '동일 비율 덜어내기 원칙'이다.

예를 들어 보유 중인 종목이 20개라면, 모든 종목을 동일하게 10%씩 덜어낸다. 이때 흔히 저지르는 실수가 있다. 수익이 난 종목만 골라 덜어내는 것이다. 하지만 나는 절대로 그렇게 하지 않는다.

경험상 상승하는 종목은 계속 상승하고, 지지부진한 종목은 계속 지지부진할 가능성이 높다. 그럼에도 많은 투자자는 손실을 확정 짓기 싫다는 심리 때문에, 오른 종목만 팔고 떨어진 종목은 그대로 둔다.

이렇게 되면 시간이 지날수록 계좌에는 성과가 없는 종목의 비중만 커지게 된다. 남들이 100을 벌 때, 나는 10을 버는 계좌가 되는 이유다.

이런 경험을 바탕으로, 나는 현금 비중을 20%까지 만들 때 다음과 같은 방식을 사용한다. 그중 10%는 모든 종목을 동일 비율로 덜어내는 방식으로 확보하고, 나머지 10%는 총액 고정 매매법에 따라 단기 급등한 종목을 관리하다 보면 자연스럽게 채워진다.

투자에서 중간에 비중을 늘리는 것도, 비중을 줄이는 것도 마찬가지다. 순간의 감정적 판단보다는, 미리 정해둔 큰 틀의 조건에 따라 기계적으로 대응하는 편이 훨씬 안정적이다.

아직 자신만의 이런 기준이 없다면, 지금이라도 한 가지 원칙을 만들어보길 권한다. 그 원칙이 앞으로 수많은 선택의 순간에서, 여러분을 대신해 판단해줄 것이다.

나는 여러 방법을 동원해 웬만해선 한 번 선택한 종목은 버리지 않는다. 그럼에도 완전히 정리해야 할 순간은 반드시 온다. 다음과 같은 경우다.

첫째, 내 판단이 틀렸다고 인정해야 할 때다. 과거에 유가와 관련한 투자를 한 적이 있다. 달러 가치의 하락, 채굴 단가 상승, 국제 정세의 불안정은 유가 상승의 구조적 원인이라고 판단했고, 이 흐름은 쉽게 바뀌지 않을 것이라 생각했다.

하지만 현실은 달랐다. 미국의 압도적인 원유 생산량 증가, 정치적 압박, 그리고 원유 관련 상품에 최대 10%에 달하는 매매세를 부과하는 등 시장 논리를 정면으로 거스르는 정책적 변수들이 등장했다.

이 시점에서 나는 '버티는 투자'는 아니라는 결론을 내렸고, 유가 관련 ETF를 전량 손절 처리했다.

아무리 내 논리가 확실해 보여도, 패권 국가의 정치적 규제 앞에서는 개인투자자가 이길 방법이 없다. 이런 경우에는 고집을 부리기보다 빠르게 인정하고 손절한 뒤, 다른 투자 기회를 찾는 편이 현명하다.

돌이켜보면 그때의 선택은 옳았다. 유가는 그 후로도 계속 제자리걸음을 했기 때문이다.

둘째, 내가 습득한 정보 자체가 왜곡되어 있거나 특정인의 편향된 시각에 기반하고 있을 때다.

우리는 투자를 하며 많은 정보를 유튜브, 경제 방송, 블로그 등을 통해 얻는다. 특히 블로그에는 해당 분야를 오래 파고든, 전문가 수준의 사람들이 다수 포진해 있고 오랜 활동 이력 덕분에 신뢰가 가는 경우도 많다. 게다가 블로그는 글과 이미지로 구성되어 있어 정보를 축적하기에 용이하고, 각종 도표나 근거 자료를 잘 정리할 수 있다는 장점도 있다.

다만 한 분야에 깊이 빠진 사람들은, 그 기술이나 기업이 곧바로 세상을 바꿀 것처럼 이야기하며 투자자들에게 혼선을 주기도 한다. 그렇다고 해서 그들을 탓할 생각은 없다. 그들은 진심으로 그렇게 믿고, 실제로 그 분야를 누구보다 깊이 공부하고 있기 때문이다.

중요한 것은 우리가 그들의 정보와 지식을 받아들이되, 그것이 '현재 시점에서 얼마나 유효한 이야기인지'를 냉정하게 가늠하는 일이다. 이를 놓치면 해당 산업을 혼자 지키며, 아주 오랜 시간 시장에서 고립된 투자를 하게 될 가능성이 커진다. 즉 관련 기술의 상용화가 지나치게 지연된다면, 그 종목은 관심 섹터로 옮기고 과감히 매도하는 선택이 필요하다.

셋째는, 종목을 실제로 끌고 와 보니 '앞으로 벌고 뒤로 깨지는 구조'라는 사실을 깨달았을 때다. 내가 미국 투자에서 한때 깊이 빠졌던 배당주가 대표적인 사례다.

일정 금액(배당금)이 확정적으로, 그것도 따박따박 들어오고 주가까지 오르는 경험은 말 그대로 신세계였다. 하지만 투자 기간이 길어질수록, 배당주 비중이 커지는 것은 결코 좋은 선택이 아니라는 사실을 알게 됐다.

젊은 나이의 투자자에게는 더욱 그렇다. 아무리 배당 수익과 주가 상승을 모두 합쳐도, 기술주의 주가 상승에는 10분의 1도 미치지 못하는 경우가 많기 때문이다.

또 다른 사례로 최근 많은 관심을 받는 커버드콜 상품을 들 수 있다. 많게는 수십 퍼센트에 달하는 배당을, 그것도 매달 지급한다는 말에 사람들은 앞다퉈 매수에 나섰다.

하지만 불과 몇 개월이 지나자 그 환상은 보기 좋게 깨졌다. 커버드콜 상품의 구조 자체가 '제 살을 깎아 배당을 주는 방식'이라는 사실을 체감했기 때문이다. 배당을 받는 만큼 원금은 서서히 줄어들고, 시장이 크게 상승하는 국면에서도 상승분을 온전히 누릴 수 없는 구조적 한계가 존재했다.

결국 높은 배당률에 현혹돼 투자했다가, 원금 손실과 기회비용 손실을 동시에 떠안을 수 있다. 이럴 때는 과감하게 종목을 교체하거나 매도해야 한다.

넷째, 특정 섹터의 성장이 매우 가파르다고 판단될 때, 즉 초과 수익률이 분명해 보이는 경우다. 이것이 내가 배당주 비중을 크게 줄이게 된 가장 결정적인 이유였다.

배당주는 분명 안정감이 있다. 하지만 자산을 적극적으로 키워 가야 하는 시기의 나에게는 충분한 만족감을 주지 못했다. 부는 상대적인 것이라, 모두가 못 벌고 있다면 모르겠지만 나만 뒤처지고 있다는 기분은 견디기 어렵다. 그리고 그런 투자를 계속해서도 안 된다.

주식투자는 본질적으로 리스크를 감수하는 행위다. 그렇다면 '안전해 보인다'는 이유만으로 배당주에 머무를 것이 아니라, 더 좋은 종목을 찾고 그 리스크를 관리하는 데 집중해야 한다. 배당주는 안전하고 관리할 필요가 없다는 단순한 논리만으로는, 투자로 자산을 키우는 데 분명한 한계가 있다.

물론 이 생각이 영원히 유효하다고는 보지 않는다. 앞으로 나이가 더 들고 자산의 증식보다 유지와 관리가 중요한 시점이 오면, 배당주 비중을 다시 늘릴 생각도 있다.

그때가 되면 매달 혹은 분기마다 들어오는 안정적인 현금 흐름이 심리적 안정감을 주고, 주가 변동에 일희일비하지 않으면서 생활비를 충당할 수 있는 구조가 필요해질 것이다. 나이가 들수록 큰 손실을 회복할 시간적 여유는 줄어들고, 그만큼 변동성이 낮은 자산의 가치가 커진다. 배당주는 바로 그 시점에서 비로소 제 역할을 하게 된다.

하지만 나에게 지금은 아니다. 지금은 자산을 지키는 시기가 아니라 불려야 할 시기다. 그렇기 때문에 나는 변동성을 감수하더라도 성장 가능성이 높은 섹터에 집중하는 선택을 하고 있다.

투자는 결국 타이밍과 라이프 사이클에 맞춰 전략을 바꿔가는 것이 핵심이다. 젊을 때는 리스크를 감수하며 공격적으로, 나이가 들면 안정적으로 방어하며 투자하는 것이 합리적인 접근이라 생각한다.

여러분도 두려워하지 말고, 다양한 종목에 직접 투자해보길 바란다. 실수하고, 손실을 보고, 후회하는 과정을 온전히 겪어내야 비로소 진짜 투자자로 성장할 수 있다. 그 과정이 힘들고 고통스럽게 느껴지더라도, 결국 그 모든 경험은 여러분을 더 단단한 투자자로 만들어줄 것이다.

투자는 단거리 경주가 아니라 긴 마라톤이다. 급하게 서두르지 말고, 천천히 그러나 꾸준히, 자신만의 길을 만들어가자.

하락장에서
우리가 대처할 수 있는 것들

: 그때는 맞고 지금은 틀리다

정보는 더 이상 귀한 자원이 아니다. 오히려 넘쳐나는 정보 속에서 무엇이 진짜고 무엇이 가짜인지 가려내는 일이 더 중요해졌다. 각종 데이터와 지표, 경제 뉴스와 전 세계 시황이 실시간으로 쏟아지지만, 그 가운데 무엇을 믿어야 할지 판단하기가 갈수록 어려워지고 있다.

이 과정에서 흥미로운 장면을 반복해 목격하게 된다. 논리적 모순을 드러내면서도 시장을 맞혔다고 자랑하는 전문가가 있는가

하면, 시장의 혹독한 평가를 받고 조용히 사라지는 전문가도 있다. 대중은 이들의 말에 매료돼 뒤늦게 투자 시장에 뛰어든다.

그리고 잠깐의 달콤한 수익에 취해 투자금을 늘려가다가, 결국 쓰라린 경험을 남긴 채 시장을 떠난다. 이런 장면은 거의 매년, 형태만 바꿔가며 되풀이된다.

나는 그 모습을 지켜보며 한 가지 사실을 깨달았다. 기술이 아무리 발전해 방대한 데이터에 접근할 수 있게 됐어도, 인간이 그것을 모두 소화하는 것은 불가능하다는 사실이다. 더구나 그중 상당수는 의미 없는 노이즈거나, 누군가의 이해관계를 반영한 광고에 불과하다.

그래서 사람들은 결국 다시 시간의 검증을 거친 지식으로 돌아간다. 피터 린치 같은 투자 대가들의 책이 수십 년이 지난 지금까지도 읽히고, 새로운 세대를 위해 다시 출간되는 이유가 바로 여기에 있다.

하지만 또 하나의 중요한 사실을 직시해야 한다. 세상에 존재하는 모든 정보와 데이터는 언제나 시점과 관점에 따라 다르게 해석된다는 점이다. '그때는 맞고 지금은 틀리다'는 바로 이를 두고 하는 표현이다. 같은 데이터라도 언제 보느냐, 누가 보느냐에 따라 전혀 다른 결론에 도달한다.

결국 이것이 의미하는 바는 명확하다. 그 누구도 미래를 정확히 예측할 수 없다는 것이다.

그렇다면 아무도 시장을 정확히 맞히지 못하는 이 환경에서, 우리는 어떻게 살아남아 계좌를 우상향시킬 수 있을까? 나 역시 주식 공부를 깊이 할수록 같은 지점에 도달했다. 정답은 없다는 것이다.

그렇다고 투자를 포기할 수는 없다. 그래서 내가 내린 결론은, 미래를 맞히려 하지 말고, 나만의 기준을 세운 뒤 그 기준을 일관되게 지켜나가자는 것이었다.

: 버블 구간에서 반복되는 사람들의 행동

투자의 세계에 오래 몸담다 보면, 시장의 폭락을 여러 차례 마주하게 된다. 하지만 투자 경험이 짧은 사람들, 특히 주가가 연일 신고가를 경신하고 '다들 돈을 벌고 있다'는 뉴스에 흥분해 뒤늦게 시장에 뛰어든 사람들은 이런 가능성을 거의 떠올리지 않는다.

증권가에는 아주 오래된 격언이 있다. "객장에 아이를 업고 오는 사람들이 보이면, 그때가 바로 주가의 꼭지다." 평소 투자와 거리가 멀던 사람들까지 시장에 몰려들기 시작할 때, 그것은 곧 과열의 신호라는 뜻이다.

놀랍게도 이 오래된 격언은 2021년에 그대로 현실이 되었다. 코로나19 이후 주식시장은 계속 상승했고, IPO 시장은 그야말로 광풍에 가까웠다. 증권사 앞에는 공모주 청약을 하려는 인파가 몰려 문전성시를 이뤘고, 청약에 당첨되기만 하면 상장 첫날 '따상'을 찍는 일이 흔했다. 그 시기 공모주는 더 이상 투자가 아니었다. 당첨만 되면 수익이 보장됐고, 주식은 로또에 가까운 게임이 됐다.

바로 그 시점, TV 뉴스에는 하나의 상징적인 장면이 포착됐다. 손주를 업은 할머니가 증권사를 찾아 공모주 청약을 신청하는 모습이었다. 이를 본 일부 경제 유튜버들은 오래된 증권가의 격언을 떠올렸고, 농담 반 진담 반으로 "이제 정말 고점이 온 것 같다"고 말했다. 웃음 섞인 말이었지만, 그 안에는 묘한 불안과 씁쓸함이 담겨 있었다.

역사는 거짓말하지 않았다. 얼마 지나지 않아 시장은 가차 없는 폭락을 맞이했고, 그토록 뜨겁던 열기는 순식간에 식어버렸다. 한때는 무조건 돈을 버는 게임처럼 보였던 시장은 냉혹한 현실로 돌변했고, 수많은 사람이 상처를 입은 채 조용히 시장을 떠났다.

역사는 반복된다. 사람들이 가장 낙관적일 때, 그 순간이 바로 가장 위험한 시점이다.

: 시장을 예측하는 대신 나만의 원칙을 만들다

여러 차례 위기를 겪으며, 한때는 어떻게든 폭락을 피할 방법을 찾는 데 집착했던 시기가 있었다. 각종 경제지표를 뒤지고, 블룸버그 데이터를 매일같이 확인하며, 전문가들보다 빠른 정보를 손에 넣기만 하면 위기를 피해갈 수 있을 것이라 믿었다.

그러나 코로나19처럼 예측 불가능한 위기 앞에서는 전문가들조차 무력했다. 나 역시 적지 않은 투자금을 들고 하락장을 견디며, 고통 속에서 겨우 살아남았다.

코로나19 폭락을 온몸으로 겪은 뒤, 나는 한 가지 사실을 받아들이기로 했다. 시장은 결코 예측할 수 없다는 것이다. 그렇다고 해서 손을 놓고 다음 하락을 기다릴 수만은 없었다.

며칠을 고민하던 어느 날, 종목 발굴에만 집중하던 나는 문득 지수 차트를 유심히 들여다보게 되었다. 폭락 직전의 차트는 늘 비슷했다. 언제라도 하늘을 뚫을 듯한 가파른 상승을 보이고 있었다.

왜 항상 폭락 전에 이런 급등이 나타날까. 이동평균선에서 일정 수준 이상 멀어지면 조정이 오는 것은 아닐까. 이격도를 확인하다가 문득 이런 생각이 들었다. 어차피 그 누구도 폭락을 예측할 수 없다면, 차라리 차트가 과열됐다는 신호에 반응하는 편이 더 현실적인 대응이 아닐까.

내가 여러 기준을 만든 이유는 단순하다. 전문가도, 박사도, 그 누구도 고점과 저점을 정확히 알 수 없기 때문이다. 만약 그것이 가능했다면, 그들은 이미 세계 최고의 부자가 되었을 것이다. 나는 더 이상 각종 지표에 흔들리고, 뉴스에 휘둘려 매매한 뒤 후회하는 일을 반복하고 싶지 않았다.

주가가 안정적으로 오를 때 불어나는 수익은 분명 기분 좋다. 하지만 불과 며칠 만에 그 수익이 모두 사라지는 경험을 몇 차례 겪고 나면, 말로 설명하기 힘든 상실감이 남는다. 그래서 하나를 내려놓기로 했다. 상승의 끝까지 가서 최고점에 팔겠다는 것은 환상이다. 어차피 고점은 아무도 모른다. 그렇다면 내가 통제할 수 있는 기준을 세워, 안정적으로 수익을 확보하는 쪽이 훨씬 현실적인 선택이 아닐까.

차트가 알려준
사람들의 욕망과 기회

: 사람들의 욕망을 차트로 읽어내다

나스닥100(QQQ) 지수의 월봉을 보면 일정한 패턴이 보인다. 나는
이 흐름을 바탕으로 나만의 매매 원칙을 하나 수립했다.

- 첫째, 60개월 이동평균선 대비 월봉 고점의 상승률이 50%를 넘었을 때
- 둘째, 60개월 이동평균선 대비 월봉 고점의 상승률이 70%를 넘었을 때

이렇게 주가가 월봉 기준으로 단기에 급등하는 모습을 보이며 이

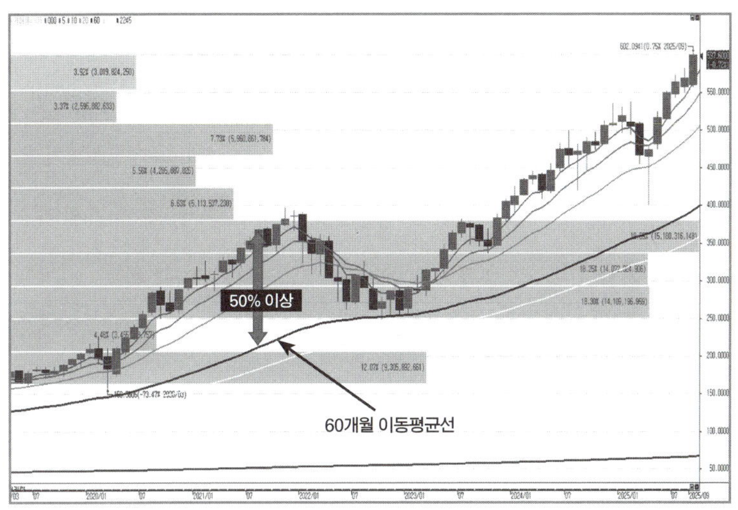

나스닥100 월봉 차트

격이 벌어지면 나는 기쁨에 취하는 대신 비중을 줄여나가기 시작한다. 그리고 그 이격을 수치화하려고 나름의 규칙을 만든 것이다.

다시 강조하지만, 이것은 주식을 전부 매도하고 시장을 완전히 떠나는 것을 의미하지 않는다. 과열 구간에서 일부 비중을 덜어내 수익을 확정하고 현금을 확보하는 리스크 관리의 과정일 뿐이다. 이는 시장의 방향을 맞히려는 시도가 아니라, 과열된 시장 환경에 대응하기 위한 최소한의 방어 장치다.

또한 내가 이런 기준을 만든 것은, 그 누구도 시장의 정확한 고점과 저점을 예측할 수 없다는 사실을 인정하기 때문이다. 만약 그것이 가능하다면, 이미 시장에는 세계 최고의 부자가 수없이 존재했을 것이다.

물론 이 원칙에도 분명한 한계가 있다. 상승 랠리가 길게 이어지는 구간에서는 자칫 매도를 너무 일찍 시작하게 되는 단점이 있다. 그래서 나는 50% 구간에서 매도를 시작하되, 상승이 가팔라질수록 매도 비중을 점진적으로 늘려가는 방식을 택했다.

그래서 50%를 넘어 단기간에 70% 이상 이격이 벌어지기 시작한다면 이 구간부터는 단순 비중 축소에 그치지 않고, 소형주를 줄이기 시작하고, 앞서 설명한 총액 고정 매매법과 함께 적극적으로 현금을 확보한다.

이 기준을 적용한 뒤, 나는 2022년 시장이 과열 국면에 접어들고 있다고 판단해 고점 수개월 전부터 차분히 현금 비중을 쌓아갈 수 있었다. 그 덕분에 이후 폭락한 시장에서 좋은 주식들의 수량을 오히려 늘려갈 수 있었다.

한 번의 성공을 경험하자 이 기준에 대한 확신이 생겼다. 2024년 말, 주식시장이 다시 급격한 상승 국면에 들어섰을 때도 나는 동일한 기준으로 시장이 과열됐다고 판단했다. 마침 제주도에서 한 달 살기를 하던 시기였고, 그곳에서 운영 중인 유튜브를 통해 시장 과열에 대한 경고를 구독자들에게 처음으로 전하기도 했다.

그러나 이후에도 시장은 4개월 넘게 더 상승했다. 내 영상과 주장은 해변가의 모래알 같은 외침으로 묻히는 듯 보였다. 하지만

2025년 4월, 시장은 급격한 하락을 맞이했고, 그 순간 다시 한 번 내 원칙에 힘이 실리게 되었다.

: 욕망을 다스릴 수 없다면 기계적으로 매도하라

이동평균선을 이용한 기계적인 매매는 폭락을 대비하는 안전장치로써 역할을 했지만, 매도하는 시점이 왔을 때 어떤 종목을 얼마나 어떻게 덜어낼 것인가 하는 문제가 발목을 잡았다.

우량한 종목은 우량하니까 팔면 안 되고, 지수는 영원히 가져가도 무방하니까 팔면 안 되고…. 이렇게 하나하나 의미를 부여하다 보면 결국 일부 개별주만 매도 대상이 된다. 문제는 개별주 비중이 크지 않아 금방 다 팔아버린다는 것이다.

이런 문제점을 해결하고자 앞에서 말한 총액 고정 매매법이라는 기준을 만들었다. 이동평균선 이격도가 매도 시점을 알리면 일단 매도하고 싶은 종목들을 우선 매도한다. 이후에도 지속적으로 상승이 이어지면 그때부터는 모든 종목에서 덜어내기 시작했다. 단, 임의로 덜어내는 방식이 아니라 상승한 금액만큼만 덜어냈다.

예를 들어 A라는 우량 종목에 500만 원을 투자해서 1,500만 원이 되었다고 치자. 이동평균선 이격도가 벌어지며 매도 신호가 나와 일부 종목을 팔았는데도 계속 주가가 상승한다면, 우량주도 매도해야 할 시점이 온다. 바로 그 시점에서 1,500만 원이라는 금액을 고정하는 방식이라 앞서 설명했다.

그러나 주가의 이격이 더 가팔라져 현금 확보가 더 필요하다고 판단되면 총액 고정 금액을 낮추기도 한다. 1,500만 원에서 고정된 총액을 1,300만 원 혹은 1,000만 원으로 낮춰 재고정하고 적극적으로 현금을 더 많이 확보하는 것이다.

이 방법을 사용하면서 종목을 고르는 스트레스에서 벗어날 수 있었고, 주가가 끝없이 상승할 때 마음을 바꾸어 좀 더 수익을 내볼까, 좀 더 멀리 가져가서 빨리 부자가 돼볼까 하는 욕심에서도 벗어날 수 있었다.

일정 수준 이상으로 주가가 상승하면 기계적인 매도가 이루어지면서 자연스럽게 현금 비중이 늘어난다. 이후 주가 조정이 오면 충분히 확보된 현금으로 해당 주식을 다시 매수한다. 이렇게 하면 수익금도 확보하면서 동시에 더 낮은 가격에서 더 많은 지분을 확보할 수 있게 된다.

나를 포함한 모든 사람은 장기투자 과정에서 끊임없이 욕망에 흔들린다. 특히 투자를 오래 하다 보면 확신이 생기고, 내가 고른 종목이 여지없이 오르는 경험을 수없이 하게 된다. 하지만 백 번 성공해도 단 한 번의 실패로 제로가 되는 곳이 주식시장이다. 그래서 나는 투자할 때 가장 위험한 대상이 바로 나 자신임을 잊지 않으려 노력한다. 이런 방법들을 만들어낸 것도 그 때문이다.

: 주식시장이 폭락하면 우리는 무엇을 할 수 있을까

2025년 4월, 세상은 트럼프 대통령의 혼란스러운 관세 부과 정책 앞에서 방향을 잃고 급격히 흔들렸다. 보편 관세를 10%씩 부과하겠다는 발표에 이어, 국가별·품목별 추가 관세까지 예고되면서 시장은 말 그대로 혼돈에 빠져들었다. 뉴스에서는 이런 수준의 관세가 현실화되면 이익률이 10%도 되지 않는 한국 제조업은 버틸 수 없다는 분석이 쏟아졌고, 수출의 핵심인 자동차 산업이 흔들리며 국가 경제가 위기에 빠질 것이라는 비관론이 확산됐다. 그 시기 각종 유튜브와 미디어에서는 '한국 경제 붕괴', '수출국가의 종말'과 같은 자극적인 썸네일이 난무했다.

하지만 나는 뉴스에 크게 흔들리지도 않았고 미래에 대한 걱정도 확실히 이전보다는 덜했다. 많은 경험이 있었고 내가 단련되어 있다는 것이 느껴지는 순간이었다.

그래서 나는 오히려 주변 사람들에게 주식 매수를 권했다. 나스닥 지수가 약 20% 하락하던 시점이었다. 사람들은 전 세계적인 공황이 닥칠 것이라 겁을 먹고 매수를 미루거나, 더 큰 하락이 오면 그때 사겠다며 기다리고 있었다.

하지만 나는 알고 있었다. 그들은 설령 주가가 더 떨어진다 해도, 결국에는 매수하지 못할 것이라는 사실을 말이다.

그리고 나는 내 채널을 통해 공개적으로 매수를 선언하며 적극적으로 주식을 사들였다. 이런 판단이 가능했던 이유는 단 하나였다. 앞서 정해둔 이동평균선 이격 기준에 따라 이미 20% 이상의 현금을 확보해두고 있었기 때문이다.

모든 과정은 예상대로 흘러갔다. 시장은 빠르게 반등했고, 주가가 폭락 이전의 수준을 회복했을 때 내 계좌의 수익금은 오히려 더 늘어나 있었다.

2024년 말의 현금 확보, 2025년 4월의 폭락과 매수, 그리고 이어진 반등과 상승 랠리까지. 모든 흐름이 맞아떨어진, 말 그대로 완벽한 한 해였다.

이처럼 스스로도 감탄할 만큼 매매가 순조로웠던 이유는 분명하다. 그동안 겪어온 수많은 시행착오를 되풀이하지 않겠다는 성찰, 그리고 복잡한 시장의 소음을 걷어내고 나만의 기준을 최대한 단순하게 만든 결과였다.

투자를 통해 자산을 장기적으로 우상향시키려면, 폭락장에서 쏟아지는 자극적인 뉴스와 패닉 분위기에 흔들리지 않아야 한다.

기업의 본질에 집중하며 자신만의 원칙을 고수하는 것만이 유일한 해법이다. 시장을 믿고, 자본주의를 믿고, 성장하는 기업을 믿을 때 비로소 우리는 폭락의 두려움에서 벗어나 진정한 투자자로 거듭날 수 있다.

: 하락장이 끝날 즈음 빠르게 반등하는 종목을 고르는 기준

2025년 4월의 폭락장에서 나는 기존 보유 종목의 수량을 늘리는 데 집중했다. 하지만 그 과정은 단순히 물량을 모으는 것을 넘어, 스스로 인정해왔던 투자의 약점을 보완하는 계기가 됐다. 그 결과, 나는 단 두 달 만에 117%라는 유의미한 수익을 거둘 수 있었다.

나는 앞서 팔란티어를 대세 상승 전에 매도해버린 실수를 했고, 그 선택을 깊이 후회하고 있다고 밝힌 바 있다. 그럼에도 팔란티어를 완전히 잊은 적은 없었다. 항상 관심 종목 최상단에 올려두고, 의미 있는 조정을 기다렸다. 그리고 2025년 4월, 시장 전반의 폭락과 함께 팔란티어는 약 47%에 달하는 깊은 조정을 받았다.

하지만 아무리 좋은 종목이라도 엄청난 하락장에 아무런 기준도 없이 매수할 수는 없다. 나는 좋은 기업이라면 반드시 시장 평균보다 뛰어난 회복 탄력성을 보여야 한다는 매수 원칙을 세웠다.

- 첫 번째 기준은 지수보다 하락 폭이 적어야 한다는 것이다.

- 두 번째 기준은 지수보다 반등이 빨라야 한다는 것이다.

첫 번째 기준에서 하락의 기준은 단순히 하락률이 아니라, 주요 이동평균선을 얼마나 견고하게 지켜내는가에 두었다. 당시 나스닥 100 지수가 120일 이동평균선 부근까지 무너졌을 때, 팔란티어는 60일 이동평균선 수준의 하락에 그쳤으며, 곧바로 해당 지지선을 회복하는 강한 모습을 보여주었다.

두 번째 기준은 지수보다 반등이 빨라야 한다는 것인데, 다음의 그림에서 동그라미로 표시한 지점이 내가 팔란티어를 매수했던 시점이다. 4월 7일을 기점으로 나스닥100 지수는 폭락의 정점을 찍고 반등을 시작했지만, 동그라미로 표시한 구간에서 한 차례 추가적인 눌림이 더 발생했다.

반면 같은 기간 팔란티어는 뚜렷한 추가 하락 없이 옆으로 횡보하며 60일 이평선 위에서 가격을 지켜내는 모습을 보였다. 이는 지수가 흔들리는 구간에서도 상대적으로 강한 흐름을 유지하는 종목에서 자주 나타나는 전형적인 특징이다. 즉, 시장 전체보다 강한 종목이라는 신호가 차트에서 분명하게 드러나고 있었던 것이다.

이처럼 두 가지 조건에 모두 부합하는 흐름을 확인한 뒤, 나는

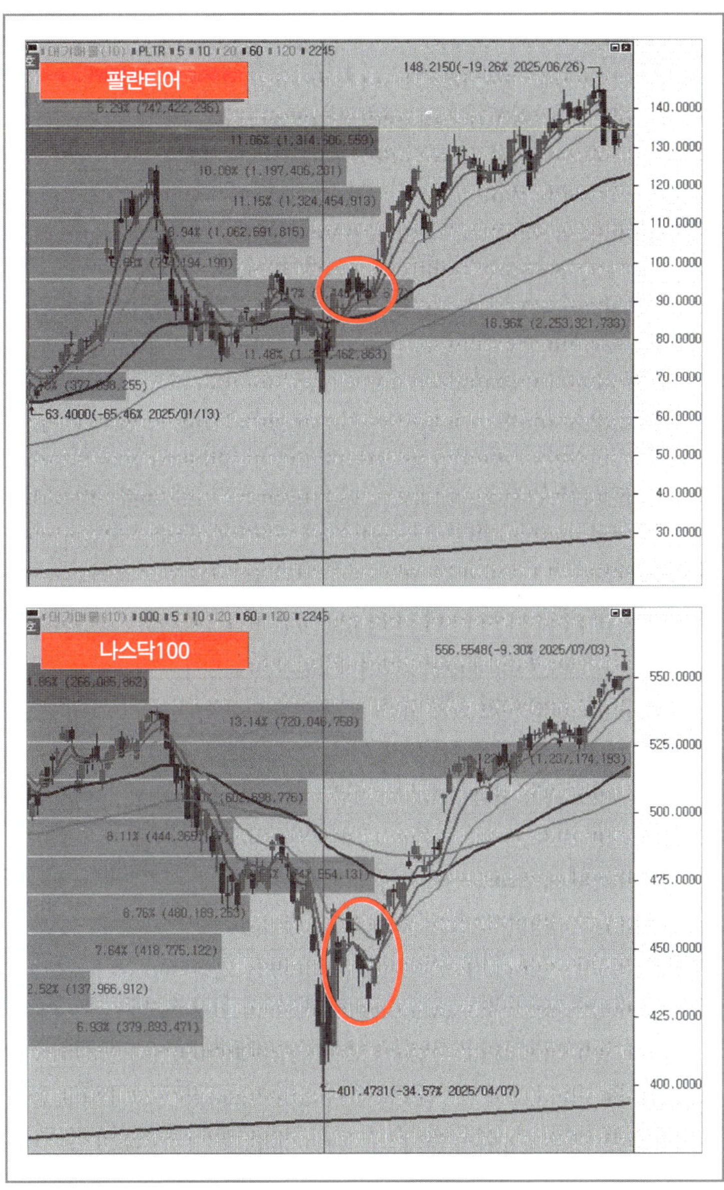

2025년 4월 폭락장에서 팔란티어와 나스닥100의 조정 구간 비교

이 기준을 내 유튜브 채널에도 공개했다. 그리고 같은 조건을 만족하는 종목을 직접 찾아보라는 과제를 냈다.

그 과정에서 넷플릭스처럼 지수 대비 강한 흐름을 보이는 종목들을 골라 매매에 나선 분들도 있었고, 이후 의미 있는 수익을 거뒀다는 후기를 여럿 전해 들었다.

이러한 매수 기준이 단번에 정립된 것은 아니었다. 여러 차례 하락장을 겪으며, 어떤 종목은 조정 이후 폭발적인 상승을 이어가는 반면 이전까지 잘 가던 종목이 정작 조정 이후에는 힘없이 반등에 그치는 경우를 반복해서 목격했다. 그 차이가 어디에서 비롯되는지 고민하는 과정에서 도출한 기준이었다.

다만 이 방식에도 한계는 있다. 시가총액 상위 대형주를 중심으로 매매할 때는 유효했지만, 소형주는 변동성이 지나치게 커서 지수 대비 상대적 강도를 판단하기 어려웠다.

내가 찾아낸 이 방법들이 시장의 유일한 정답이라고 생각하지 않는다. 다만 나는 시장이 쏟아내는 데이터와 정보에 끌려다니기보다, 그 정보들을 충분히 공부한 뒤 나만의 기준을 최대한 단순하게 정리하려고 늘 고민해왔다. 그리고 그 고민이 실제 투자 성과로 이어질 때 느끼는 성취감은 말로 표현하기 어려울 만큼 컸다.

내가 이토록 남들과는 다른 기준과 실행 방식을 고수하며 끊임없이 연구하는 이유는 하나다. 위기는 반드시 반복되며, 그 위기가 언제 어떤 모습으로 찾아올지는 누구도 결코 예측할 수 없기 때문이다. 강연을 하거나 투자를 시작한 지인들을 만날 때마다 내가 늘 강조하는 사실이기도 하다.

그래서 나는 항상 위기를 염두에 두고 투자한다. 사람들이 흥분하기 시작하는 시점을 정량적으로 짚어낼 수 있도록 이격도 기준을 만들어 기계적으로 비중을 줄이고, 사람들이 패닉에 빠져 주식을 던질 때는 나만의 저점 매수 기준으로 대응한다. 이러한 매매 원칙은 나를 심리적으로 단단하게 만들고, 위기 속에서도 흔들리지 않게 하는 삶의 원동력이 되었다.

그러니 여러분도 위기는 항상 반복된다는 것, 다만 그 얼굴을 바꿀 뿐이라는 사실을 항상 가슴속에 새기기를 바란다. 그리고 자신만의 기준과 원칙을 세워 실천하고, 때로는 틀린 부분을 수정해가며 감정적인 매매를 배제하는 것, 그것이 바로 성공적인 투자를 위한 최고의 비법이다.

반드시 자산에
투자하라

이 책을 읽고 있는 독자들은 적어도 책을 구입해 읽을 정도로 금전적 여유가 있거나, 아니면 도서관에서 읽을 수 있는 시간적 여유가 있는 사람들이다.

내가 투자하면서 여러 사람들을 만나고 이야기를 들으며 느낀 점이 있다.

그것은 바로 이미 중산층 이상의 자산을 보유했거나, 아직 젊어서 앞으로 얼마든지 자산을 일궈 나갈 수 있는 사람들이 자신이 가진 자산과 시간의 소중함을 모르고 아무 기준도 없는 상태에서 유명한 사람들의 말만 믿고 2배, 3배 단기간에 돈을 벌 수 있다는 유혹에 빠져서 투자한다는 것이다. 그리고 모든 것을 잃고 난 후 자신이 가진 자산이 얼마나 큰 자산이었는지 새삼 깨달으면서 후회한다.

또한 젊음이라는 엄청난 자산을 가졌음에도 몇 년 만에, 몇 개월 만에 부자가 될 수 있다는 욕망에 사로잡혀 동전주 투자, 잡코인 투자, 급등주 투자, 레버리지 투자, 선물옵션 투자 등 변동성이 큰 상품만을 골라 투자하다가 감당할 수 없는 빚을 지게 되는 경우도 많다.

투자 세계에 들어오면 1억 원이라는 돈을 참 하찮게 보는 사람들이 많다. 주식투자를 한다고 하면 "한 10억 벌었어?"라는 말이 마치 인사말처럼 오가곤 한다.

하지만 가진 돈 전부를 잃고 1억 원이라는 빚을 노동으로 갚아보면 알게 된다. 1억 원이라는 돈은 내가 생활비를 쓰면서 갚으면, 갚아도 갚아도 쉽게 줄지 않는 돈이라는 사실을 말이다.

그래서 적어도 이 책을 읽은 독자들이라도 자신이 이미 가진 것들에 대한 소중함을 꼭 돌아봤으면 좋겠다.

여러분이 가진 자산은 다시 한번 일구려면 노쇠한 육신으로 인해 불가능한 자산이며, 여러분이 가진 젊음이라는 시간은 한번 지나가면 다시는 돌이킬 수 없는 엄청난 자산이다.

그러니 여러분은 항상 마음속에 여유를 가지고 충분한 경험을 통해 자신만의 원칙과 기준을 먼저 세우기를 바란다. 그래서 자본주의가 장기 우상향의 구조를 그리는 가운데 나의 자산도 함께 성장하는 구조를 만들기를 바란다.

자본주의가 지속되는 한 자산 가격은 필연적으로 상승할 것이다. 시중에 유동성은 계속해서 늘어날 것이며, 자산을 소유하지 않은 채 노동 소득에만 의존하는 삶은 갈수록 가난에서 벗어나기 어려운 구조가 될 것이다.

따라서 앞으로의 투자는 일확천금을 노리는 종목 찾기가 아니라, 누구나 소유하고 싶어 하며 공급이 제한적이고 스스로 가치를 창출하는 우량 자산을 확보하는 데 집중해야 한다.

노동 소득을 하루라도 빨리 자산으로 치환하는 과정을 게을리하지 않는다면, 여러분 역시 조기 은퇴라는 목표에 충분히 도달할 수 있으리라 확신한다.

이 책에서 나는 나만의 고민 끝에 만들어낸 여러 기준과 매매 방식들을 소개했다. 하지만 어디까지나 투자를 해나가는 과정에서 원칙을 세우는 사고의 흐름을 보여주기 위한 예시일 뿐, 절대적인 기준도 아니고 수익을 보장하는 방법도 아니다. 다만 "기준을 세워라, 원칙을 가져라"는 말 앞에서 막막함을 느끼는 분들에게, '아, 이런 식으로 생각하고 이런 기준으로 매매하는 사람도 있구나' 하

고 참고할 수 있는 사례가 되기를 바라는 마음으로 최대한 솔직하
게 풀어냈다.

내가 이 책을 통해 정말로 전하고 싶은 메시지는 이것이다.

"반드시 자산에 투자하라."

화려한 수익률보다 꾸준한 성장을, 단기적인 욕심보다 장기적인
안목을, 남의 성공보다 자신만의 기준을 선택하는 투자자가 되기
를 진심으로 응원한다.

주식투자를 잘한다는 것은 무엇일까.

위기는 반복된다. 얼굴만 바꿀 뿐.
시장은 당신의 두려움에 관심이 없고,
시간은 자산을 가진 사람의 편이다.
화려한 수익률보다 꾸준한 성장을,
단기적인 욕심보다 장기적인 안목을,
남의 성공보다 자신만의 기준을.

그것이 주식투자를 잘한다는 것이 아닐까.

주식투자를 잘한다는 것

1판 1쇄 발행 2026년 4월 22일
1판 3쇄 발행 2026년 5월 22일

지은이 육과장
펴낸이 박혜정, 윤효진

펴낸곳 노티스
주소 서울특별시 서대문구 충정로 53, 1317호
전화 02) 6749-8007
팩스 02) 6749-8008
출판등록 제2026-000008호

ⓒ 육과장, 2026
ISBN 979-11-997473-1-9 (03320)